ゼロからいくらでも
生み出せる！

起業1年目のお金の教科書

今井孝
TAKASHI IMAI

かんき出版

「お金があれば、うまくいくのに……」

この言葉は、本当によくお聞きします。

ビジネスでは何をするにもお金の問題がついて回ります。その投資額が妥当なのかもわかりませんし、最初は出ていくばかりで、誰もが不安な気持ちになります。

ですので、私にもお金に関する相談が多く寄せられます。

他にも、よくいただく質問があります。

「開業資金はいくらかかりますか？」
「起業したいので、借金の方法を教えてください」
「開業手続きについて教えてください」
「価格はいくらぐらいが良いでしょうか？」
「この商品は売れるでしょうか？」

などなど……。

本書には、これらに対する私なりの回答をすべて書いておきました。

もちろん、人によって業種も規模も地域もタイミングも違うでしょうから、答えはそれぞれ違ってきますし、正解はありません。

ただし、答えを出すときの考え方はどんなビジネスでも同じです。

実際、ビジネスにおいては「お金」というのはシンプルです。

出ていくお金より入ってくるお金が多ければ、商売はそれで成り立つわけですから。

だから、冷静に判断できれば、ビジネスで大きな損害を出したり、路頭に迷うということは起こらないはずなのです。

しかし、お金というものは一筋縄ではいきません。なぜなら……

お金は感情に影響をものすごく与えるからです。

そして人は、冷静な判断を行えなくなります。

- お金を使うのが怖くてせっかくのチャンスを逃す。
- 逆に、必要ないものに投資してしまう。
- どうしても値段を上げられず、安く請け負ってしまう。
- 必要かどうかより、家族や周りにどう思われるかを気にしてしまう。

ビジネスが停滞する原因の多くはここです。

マニュアル的なものを学んでも、正しいアドバイスをもらっても、いざとなると不安や恐怖で正しい行動がとれなくなります。

頭ではわかっていても、みぞおちのあたりが「うっ」と苦しくなって、不安な気持ちが襲ってくるわけです。

ですので、本書では、起業に関するお金について、理屈だけでなく、感情面も多く取り上げて解説させていただきました。

その中でも特に重要なことは、

「お金を生み出す」とは「欲求を生み出す」こと

だという感覚を腑に落としていただくことです。

これが理解できれば、どんどん稼げるようになりますし、ご自身のお金に対する恐怖心をコントロールすることにもつながります。

そして本書を読むことで、起業家として適切で冷静なお金との関わり方を腑に落としていただければうれしく思います。

読んでいるうちに、ふっと心が軽くなり、乗り越えなければならない壁だと思っていたものが、いつの間にか消えてしまうことも起こるでしょう。

お金の恐怖が消えれば、ビジネスや人生でのかなりの問題が解消します。

そして、お金はゼロから1千万円でも1億円でも、いくらでも生み出せるということを実感できれば、心から自由を感じることができます。

本書も前作の『起業1年目の教科書』と同様に、どのページから読んでも良いように書いてあります。迷って止まってしまうとき、不安で動けなくなったときなどに、手に取ってお読みいただければ幸いです。

まずは、目次を開いて、気になった項目をチェックしてみてください。

今井　孝

ゼロからいくらでも
生み出せる！
起業1年目のお金の教科書

目次

第1章 お金をかけずに起業する

第2章 ゼロからお金を生み出す

第3章 自信を持って価格を上げる

第4章 お金をかけずに売る

第5章 チームとお金

第6章 お金の呪縛から自由になる

カバーデザイン　井上新八
本文デザイン・ＤＴＰ　佐藤千恵
素材提供：Milos Djapovic, Sajojo Studio, Bukhavets Mikhail,
VoodooDot, Modella /Shutterstock.com

第1章

お金をかけずに起業する

「起業資金はいくら貯めればいいのか?」

「何にお金を使えば成功するのか?」

これは起業のときに誰もが持つ疑問です。

ビジネスの本質を理解すれば、これらの問いに答えが出せます。

そして必要な金額はそれほど大きなものでないことに気づきます。

本当に必要なことにお金をかければ、10倍にも100倍にもなって返ってきます。

あなたの場合は、何にお金を使うべきなのか?

ぜひ、本章を読み進めてご自身なりの答えを出してみてください。

起業1年目からお金で困らない人は、0円でどこまでできるか試す

「起業したいので、借金の方法を教えてください」

というのは、よくいただく質問の1つです。

この質問をされるときは、「起業にはお金がかかる」というイメージがあるのかもしれません。

そのイメージ通り、**「借金をして起業する方法」もありますが、一方で、「借金しないで起業する方法」もあります。**

私の周りで体験談を聞いてみると、起業時にお金をたくさん使った人はそこまでいません。たくさん使った人も、後から「そんなにお金をかける必要なかった」と言う人がほとんどですので安心してください。

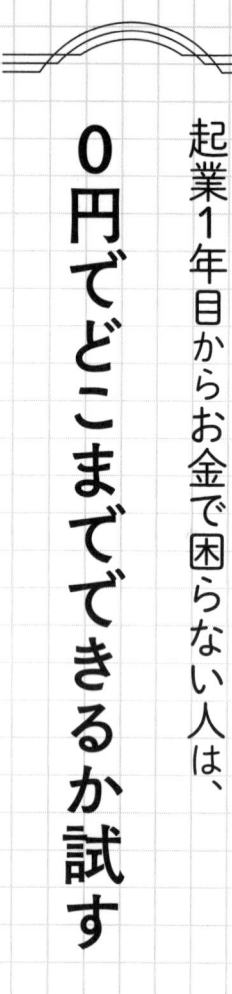

「お金がなければ、今できることは何もない」という考えは、多くの場合は思い込みです。どんな状況でも、あなたにできることがあります。

例えば、「カフェをやりたいけどお金がなくて何もできない」と言う方がいたら、こんな質問をしてみます。

「もし、私があなたに今日、1千万円の資金を提供したら、あなたは何をしますか？さっそく不動産屋さんに店舗を借りに行きますか？」

多くの答えは、

「えっ？　いえ、どこにお店を出すか決めてないので、まずは調査をします」

という感じになります。

調査は1千万円なくてもできます。それを今やれば良いですし、他にもできることはまだまだあるはずです。

実際に起業してうまくいっている人は、お金がない時期には、お金がなくてもできることをしっかりやっています。**あなたにも、今やれることはたくさんあるはずです。**

店舗を出したかったら、いろんな繁盛店を見に行って、自分ならこんなお店を出すというアイデアをノートに書いたりします。そして、必要な資金をコツコツ貯金したり、土日だけ飲食店で修業したりする人もいます。

そうやって、「資金や人などがそろったらこうする」という計画を立てていきます。

そういう人は、遅かれ早かれ資金を貯めて起業してしまいます。

それに、そこまで綿密に計画を立てていれば、「ぜひお金を出したい」と言う人も出てくるかもしれません。自力で十分に起業できる人が資金を調達できれば、成功までの期間を圧倒的に短縮できます。

逆に漠然と考えていると、起業に必要な経費はどんどん膨らみます。

事務所、看板、WEBサイト、パンフレット、デスクやイス、コピー機などの事務用品などなど。漠然と挙げればいくらでも挙げられます。

それで漠然と「借金しなければ」となるわけです。

「お金がかかる」という曖昧なイメージにお金がかかるわけです。

しかし、実際には事務所は自宅で十分だし、WEBサイトも最初は無料のサービスを使えば良いケースがほとんどです。スキルや知識を活かした元手のかからないビジネスがどんどん増えていますし、飲食店などもレンタルで小さく始められます。

そうやって精査していくと、多くは必要のないものばかりだとわかります。それほどお金はかかりません。


あとよくあるケースが、「何かを導入すればそれがお金を生み出してくれる」と思ってしまう場合です。

「この機械さえあれば成功するんです」

「あの商品を仕入れる権利を得ればうまくいくんです」

とそのときは思い込み、借金してでも手に入れようとするわけです。

実際は、同じ商品で成功する場合も、そうでない場合もあります。

何かが稼いでくれる、というわけではありません。


ビジネスをやるからには、「稼ぐのは自分」、つまり「価値を生み出すのは自分」という気持ちが必要です。

あなたという人から価値は生み出されます。価値を感じてくれる人は必ずいます。それがお金になります。

つまり、元手はあなた自身なのです。

自分でビジネスをすることの良さの1つは、自分が持つ価値に少しずつ気づけることです。

「ゼロから価値を生み出すこと」は、本書の1つのテーマでもありますので、じっくり読み進めていただければ幸いです。

お金をかけずにできることは無限にある。

起業1年目からお金で困らない人は、開業手続きは本当に必要になるまでしない

「開業手続きのやり方を教えてください」
「法人化したほうがいいのでしょうか？」
などはよくいただく質問です。

私の場合は、退職してまずは法人化せずに個人事業主としてやっていこうと思ったので、すぐに開業届を出しに行きました。

方法がわからなかったので、先輩起業家に電話しました。詳しく教えてもらおうと思ったら、「税務署に行ったらわかるよ」とだけ教えてくれました。

不安だったので、数日後にもう一度電話したのですが、それでも「いやいや、税務署

に行ったらわかるから」としか教えてくれません。しかたがないのでわからないまま行くことにしました。

実際、税務署に行ってみたら、書類を1枚提出するだけでした。滞在時間は5分ぐらいだったでしょうか。窓口の人も、「はい、ありがとうございます」と一言言うだけで、特に何もありませんでした。本当にあっけないものだなと思いました。

しかし、今になってみると、急いで開業届を出す必要はなかったなと思います。私が思うに、こういった手続きはちゃんと売れるようになってからでも遅くありません。

人によっては開業届を出してから、しっかり稼げるようになるまで、数か月かかるということも珍しくないからです。

開業届ぐらいであれば数時間で終わりますが、いろんな手続きのために勉強したり、調べ物をしたりして時間を使うぐらいであれば、売上を上げることにもっとエネルギーを注いだほうが良いと思います。

ルールや手続きは最低限で大丈夫です。それはビジネスの本質ではありません。

それに、毎年のように制度が変わります。必死に勉強したり、覚えたりする必要はありません。最新のものは、事務手続きの専門家がネットなどで情報発信してくれますので、そこから入手すればいいと思います。

ビジネスの本質は、「価値を創造すること」、そして「顧客を創造すること」です。

それ以外は後からなんとでもなるものです。

ビジネスは複雑に見えますし、やることが多そうに見えますが、本当に大事なことはそんなに多くありません。本質に焦点を合わせて、そこに時間をかけましょう。

1円も稼いでいないなら手続きは必要ありませんし、売上があっても、後からでも間に合います。

経理や税務やもろもろの作業もありますが、それはあくまでも周辺業務です。起業当初に力を入れるところではありません。

もし本当に必要に迫られたら、そのときに手続きをすれば良いし、適切なタイミングで法人化すれば良いと思います。

知っていれば税金が安くなるとか、そういうテクニックもありますが、夢を持って起業するのであれば、小さなお金にこだわらず、その分の時間で価値を生み出し、稼いだほうが早いのではないかと思います。

「手続きを勉強しないと起業できない」わけではありませんし、「手続きを1つでも間違うと何か罰を受ける」と不安になる必要もありません。

なぜなら、**ルールや手続きはあなたを支配し服従させるものではなく、あなたのビジネスを円滑にするためにあるものだからです。**

税務署や役所の人たちも、窓口で聞けば優しく答えてくれます。

役所の人たちも、あなたを応援するために仕事をしてくれています。罰するために働いているのではありません。

価値を生み出したあなたを、たくさんの人が手伝ってくれますよ。

大切なことに集中していれば、それ以外の仕事は誰かがサポートしてくれる。

起業1年目からお金で困らない人は、自分を動かすことにお金をかける

「ノウハウを知らないから成功していないんだ」「やり方さえわかれば成功できる」と多くの人が思っています。

ですので、私のところにも、やり方を教えてほしいと相談に来られます。

「お金の借り方を教えてほしい」「チラシの書き方を教えてほしい」「セールストークを学びたい」などなど。

しかし、やり方を知っても、なかなか実行しなかった経験があなたにもあると思います。

実際にビジネスに向かって着手すると、**大きな壁は「自分」だということに気がつ**

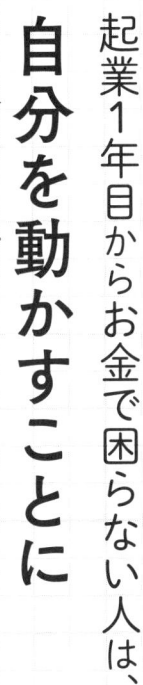

きます。


「融資の申し込みはされましたか？」「いや、もうちょっと考えます」

「チラシは作りはじめましたか？」「あ、他のひな形も探そうと思って」

「セールスしてみましたか？」「まだ、完璧じゃないので」

という感じで、止まってしまう方はかなり多いです。

完璧主義に陥ったり、まだ価値がない気がしたり、失敗の恐怖だったり、**自分の中にあるブレーキが行動を止める**わけです。


いくら手続きを勉強しても、いくらノウハウを知っても、いざ実行の段階においては、結局は自分が動かなければ結果が出ません。

自分の行動からしかお金は生まれないのです。

ビジネスに関するご相談で、やり方やノウハウで解決するものは1割ぐらいしか実際はありません。

大部分の解決策は、心のブレーキを見つけて取り除くことです。

やり方を学んだだけで実際に動ける人は多くありませんので、あなたがもしそうであっても大丈夫です。

「自分だけが悶々として動けない。カッコ悪い」
「本に書いてあることを自分のビジネスに当てはめられない」
「なぜ、こんなに苦しい思いをしているのか」

と悩む人もいますが、みんな苦しいし、怖いし、動けないという経験をされます。
（まったくこれからという方はピンとこないかもしれませんが、「そんなものなのか」と思って読んでいただければと思います。）

1人でやっているとダラダラするし、面倒だし、失敗したくないし、いろいろ躊躇《ちゅうちょ》するし、あっという間に時間が経ちます。

なので、**「自分を動かすためにお金を使う」**という観点を持つのがお勧めです。

例えば、私の場合も起業の準備を1人でやっているときは、まったく進みませんでした。ダラダラと何もせずに1日が終わり、あっという間に何か月も経ってしまうのです。
そこで、「これは投資だ」と思い、ビジネスコーチをつけることにしました。
これが功を奏して、それからどんどん進むようになりました。会社を立ち上げて10年以上になりますが、今でも毎週コーチングを受けています。

また、年に1回ぐらいはなるべくビジネスの講座に通うようにしています。ここで課題を設定して、他の参加者に宣言することで自分の仕事が進みます。

「私も頑張ろう」と刺激を受けたり、「なんだ、それでいいのか」とメンタルブロックが外れたり、「あの人のためにやろう！」という気持ちになったり、そういうエネルギーが湧くことにお金を使うのはとても有意義です。

チームを組むことでプロジェクトが進む、ということもあります。
しっかりと売上を上げている人を見ると、多くの人はチームを組んだりして、自分の意志の力だけに頼らなくて良いような仕組みを作っています。

できる人ほど、自分の意志の力を過信していないわけです。

簡単に成功する「良いやり方」を探すためのお金を少し減らし、「普通のやり方」をコツコツと続けるために、その分のお金をかけてみてください。
ちょっと続けるだけで、違う景色がぱっと広がってきますよ。

あなたが動くから価値が生まれる。そこにお金をかける。

起業1年目からお金で困らない人は、数字に命を吹き込む

美味しいスイーツを食べたときのお客様の笑顔、体の痛みが消えた喜びの言葉、仕事のスピードが上がったという感動のメール、相談に乗ってあげて明るくなった表情などなど、**多くの人は、お客様の喜びのためにビジネスをしているのだと思います。**

逆に、「売上」という単なる数字を追い求めても、虚しくなる人が大半です。

また、数字にアレルギーを持っていて、

「とにかく数字がキライです！」

「頭が真っ白になるので事業計画が立てられない」

と言う方も少なくありません。

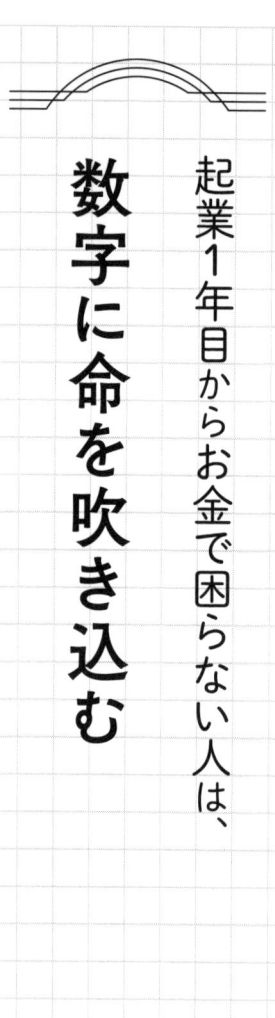

ビジネスをやるからには、そこに意味や意義が感じられ、喜びをイメージできなければやる気は湧かないものです。

実は、数字は、そのイメージのリアリティをさらに高めるために使えます。

例えば、**「たくさんの人を笑顔にする」という言葉と、「今日、5人を笑顔にする」という言葉を比べてください。**どちらのほうがリアリティがあるでしょうか？　どちらのほうが具体的なアクションにつながるでしょうか？

後者のほうによりリアリティを感じる人のほうが多いと思います。

数字にはこのような力があります。

ですので、数字を毛嫌いする必要はありません。

売上や利益だけに数字を使うのではなく、世界観をさらにリアルにするためにうまく使えばいいわけです。

あなたのビジネスによって「たくさんの人を幸せにしたい」と言っても、いったい何人なのか？　いつまでに、どのように、それを実現したいのか？

数字にするともっとリアリティが増してきます。

- 1年は365日しかありませんが、今年は何人を幸せにしますか？
- その人を幸せにするために、何をする必要がありますか？
- それにはいくらお金がかかりますか？
- そのためには、商品の価格は、いくらにすれば良いでしょうか？

こんな感じで数字を使って考えていくと、だんだんと現実的な状況が明らかになってきます。

それでも「わからない」という場合は、具体的に数字を当てはめてみましょう。

例えば、私はたまにクライアントさんに、

「来年は、10億人を幸せにしますか？」

と大げさに聞いてみることがあります。

当然、「それは無理です」と、ちゃんと答えてくれます。

「1人ですか？」

と聞くと、それは少なすぎると、これまた答えは出ます。

そうやって実際に1000人、100人、10人と数字を当てはめてみると、1年間の理想のお客様の数がだいたいわかり、計画が決まってきます。

そして、仮にお客様が年間100人だとしたら、10万円の商品であれば、売上は1千万円になりますし、5万円の商品であれば、500万円の売上です。

1年は12か月ですので、毎月約8人のお客様に対応しなければなりません。そのためには、その数倍の営業が必要です。

こんなふうに数字にすることで、ようやく具体的なアクションが見えて、やることが明確になります。数値化して事業のリアリティを高めていくわけです。

これがいわゆる事業計画です。

事業計画は、それっぽいフォーマットに書いて、カッコつけるためのものではありません。**あなた自身がそれをイメージしたときに、ワクワクしてやる気が湧いてくることが計画の持つ大きなパワーです。**

そして、明日からやることが明確になり、行動に移しやすくするためのものなのです。

数字だけでは味気ないですが、数字をうまく使うことによって理想の世界をありありと感じることができ、少しずつその方向に進んでいけます。

数字は、あなたのエネルギーが湧くように活用できる。

起業1年目からお金で困らない人は、正しく生きてやることを減らす

お金に関わる手続き、請求書や領収書の書き方、契約書の作り方、その他、もろもろの事務手続きなど、「とにかくちゃんとやらないと心配なので教えてほしい」と言う人は多いのですが、そういう思考だと事務処理だけでやることが膨大になってしまいます。

ビジネスでは違う観点で考えるのがオススメです。

大前提として、人として正しいことをしていれば、法律やルールが必要になることはほぼありません。

ルールが先にあるのではありません。何かトラブルがあったときに必要になるので、後からルールが作られたのです。

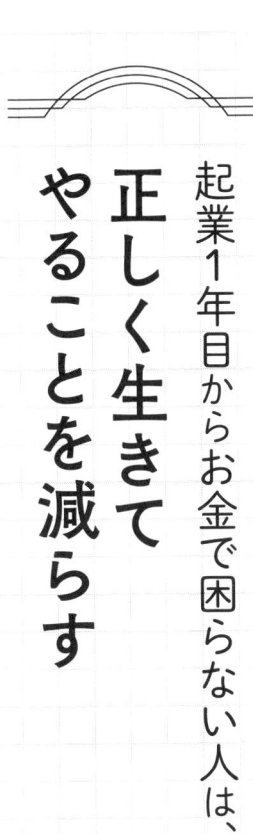

あるセミナーで「他人の本を引用して記事を書いても良い」という「引用のルール」の話題になったときに、面白い質問をもらいました。

「もし、毎日少しずつ引用したとしたら、すべての文章を載せることができてしまうのではないか？　その場合は法律上はどうなのか？」

こういう特殊なケースを考えるのは面白いです。

しかし、法律やルールを勉強して、「これは大丈夫か？　やっていいのか？」と心配しながら行動するのは、とても時間がかかります。やることも増えます。

最も時間がかからずトラブルも少なくてすむのは、ルールから考えるのではなく、「相手の気持ち」から考えることです。

すべての人が相手を思いやって生きていたら、法律やルールは必要ないはずです。

例えば、あなたが雑貨屋さんをやっていたとします。

閉店時間まであと10分、お店にはまだお客様がたくさんいて、カゴにはいっぱいに商品を入れています。

「今日もいっぱい売れそうだ。嬉しいな」とあなたは思っています。

そして、閉店時間になり音楽がスピーカーから流れてきました。すると、時計を見たお客様たちは、「あ、閉店時間だ。出なければ」と言って、カゴから商品を取りだし、せっと棚に戻しはじめました。みんな「ルールを守らなければ！」と真顔です。

そうしたら、あなたはどう言いますか？

「閉店時間を過ぎても大丈夫です。どうぞ、レジに商品をお持ちください」と言うのではないでしょうか。

一方で、酔っぱらった人が何人かお店に入ってきて、何も買わずに大声で話していたら、どうでしょうか？

「閉店時間ですので閉めますね」

と言うのではないかと思います。

「閉店時間」というルールも、必要に応じて使い方が変わるわけです。

先ほどの「本を毎日引用する」というケースも、それでその本が売れるのであれば著者は喜ぶでしょうし、ただ無料で使われるだけなら訴えてくるかもしれません。ルールだけの問題ではありません。

他にも、領収書などは少額であればノートの紙に手書きで書いても大丈夫です。用紙がないからといって、領収書を後で郵送する手間をかけることはないわけです。

本当にその領収書が必要なのは、数年に一度、税務調査の際に職員の方がチェックするときだけです。彼らにしてみたら、微々たる金額を指摘してもあまり意味がありません。

ですので、「ルールだから」となんでもかんでも同じようにキッチリやる必要はないわけです。

私が手作りの領収書をお渡しするときは、「税務署の人に指摘されたら、そのときに再発行しますので安心してください」と伝えています。今のところ再発行をお願いされたことはありません。

繰り返しになりますが、ビジネスでは、ルールや法律から考えるのではなく、**「相手が喜ぶかどうか？」で考えれば間違いありません。**

過剰にルールに縛られて、ルールに合わせることが目的になってしまっては、無駄な仕事を増やすだけです。

あなたには、他人を思いやる気持ちがあるはずです。

であれば、お金の手続き、領収書など、できるだけ簡素化してかまいません。

その分、たくさんの人に喜ばれることをしてあげてください。

相手が喜ぶことをすれば、お金の手続きは限りなく減る。

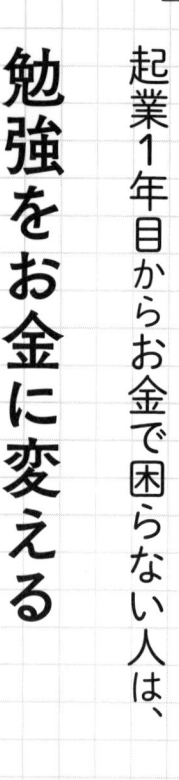

起業1年目からお金で困らない人は、
勉強をお金に変える

「セミナーに出たいけど、この金額は痛いなぁ」

ということはないでしょうか。

書籍は1500円。セミナーは数万円、連続講座が数十万円などなど。勉強にはコストがそれなりにかかります。

知っておくべき情報がありそうだけど、本当に価値があるだろうかと、不安になって躊躇してしまうこともあると思います。


しかし、学んだことをすぐお金に変えれば、いくらでも学べます。

例えば、1万円のセミナーで学んだことを千円で10人に教えれば、1万円の投資はすぐに回収できます。5千円で20人に伝えれば、10万円でも回収できます。

自己投資した分をすぐに回収できれば、またさらに投資できます。資金を減らすことなく、必要な知識だけがどんどん蓄積されていきます。

そう考えると、学びに投資することが怖くなくなります。

ビジネスでは、回収を考えながら投資をすることは大切です。知識というリソースに関しても例外ではありません。

例えば、私は以前、ある読書会に参加していたことがあります。

分厚いビジネス書を題材にしていたので、1人で読むより楽だし、理解が深まると思って参加していました。

やることは、毎回1章ずつ読んできて、意見を交換するだけです。

主催者が何か知識を提供するというものではありません。どちらかというと主催者は出しゃばらず、参加者どうしで意見交換をして盛り上がっていました。

参加費は3千円ぐらいだったと思いますが、とても面白くて勉強になりました。満足度も高かったです。

主催者は、参加者に喜んでもらいながらお金ももらえますし、自分も勉強できます。

「学び」というのは、思ったよりお金に変わるものです。

読書会以外にも、さまざまな勉強会が開催されています。

セミナーに参加してきて、その内容をシェアする会を開催している方もたくさんいらっしゃいます。

これは、とても簡単に投資を回収する方法ではないでしょうか。

そのセミナーに出たくても日程が合わないという方もいますので、そういう人にとってはとてもありがたいものです。特に地方に住んでいる方は、東京のセミナーに参加して、地元でシェア会をしても良いわけです。

カフェなどで開催すれば、会場費もかからないのでリスクもありません。

また、教えることで自分が学べます。

わかったつもりでいても、教えてみたらうまく説明できないということが多いですので、勉強会をすることが、学びの理解を深めてくれます。

そして、教えることで、どんどん知識が自分のものになっていくのがわかります。もし余裕があれば、聞いたことをそのまま伝えるのではなく、ご自身で実践してみて、そのエピソードも付け加えれば、価値が高まります。

ちなみに、私のセミナーのシェア会や本の読書会を開催してくださる方もいらっしゃいますが、本当に助かっています。いろんな人が本を広げてくださって、またそこから私のセミナーに来てくださる方もいらっしゃるからです。

勉強会だけでなく、情報や知識はさまざまな方法でお金に変えることができます。**手元にあるリソースをいかにキャッシュに変えるかという練習**と捉えて、いろいろと挑戦してみるのも面白いと思います。

最初は、他の人が開催している勉強会などに参加するのが良いかもしれません。会の進め方や雰囲気もわかりますし、それほど難しくないことが体感できます。

不安であれば、最初は何人かで協力して開催すれば良いと思います。

それに、これからセミナーや勉強会に参加するときには、「自分が教えるとしたら」「自分が開催するとしたら」と、提供者視点で見ることができますので、学びの深さが断然違ってくるでしょう。

学びが好循環になれば、いくらでも進化できる。

起業1年目からお金で困らない人は、自分のお金の恐怖心をあらかじめ知る

お金の恐怖心は、ビジネスにかなりの影響を及ぼします。

常に不安で眠れない、気分が落ち込み行動が止まってしまう、焦って他人への対応に余裕がなくなる、そしてお客様が逃げてしまう、などなど。

本格的に起業を準備しはじめて、この影響の大きさに気づく方も少なくありません。

いろんな方の悩みをお聞きしましたが、**「お金がいくらあるか」ということよりも、「お金にどれぐらいの恐怖心を持っているか」ということのほうが影響が大きい**ように思います。

銀行口座に100万円ないと不安になる人もいれば、300万円で不安になる方もい

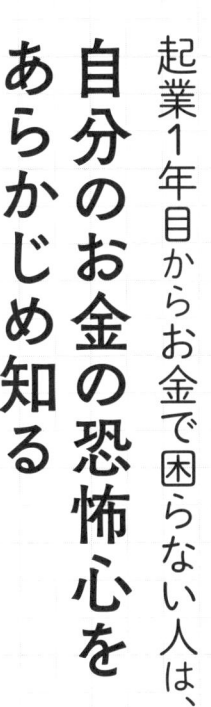

ます。1万円でも平気な方もいます。

ですので、周りから見ればビジネスが順調にいっているのに、本人は不安いっぱいで、焦って空回りということもよく起こっています。

ビジネスというのは、感情の起伏との戦いみたいなものでもあります。

一時的に赤字になっても、**経営者の精神状態が安定していて、しっかり判断と行動ができれば最後にはうまくいくものです。**多くの失敗は恐怖による戦意喪失です。

ですので、まずは、お金に対する自分の恐怖心の度合いを知っておくことが良いかもしれません。

銀行口座からお金が毎月減っていくとき、必要なものに投資するとき、大きな儲け話を聞いたとき、あなたはどんな気持ちになるでしょうか?

そのときの金額が、いくらまでなら安心していられるでしょうか?

そして、いくらを超えると、怖くなって心拍数が上がるでしょうか?

また、ご自身のお金を使うときのパターンも認識しておくと良いでしょう。

お金に対する恐怖心が強い人によくある特徴としては、安物買いばかりしてしまうということが挙げられます。

しかし、トータルではけっこうお金を使ってしまい、投資対効果が良くありません。「1万円のセミナーなんてとんでもない。1500円の本で十分」と、いつの間にか本を10冊買って、1万5千円を使っていたりします。

また、一時の感情で無謀な投資をする人もいます。

「思い切って会社を辞めました!」「融資を受けました!」とハイテンションで言っていたと思ったら、しばらくすると「お金がないんです。もうダメです……」「自分には向いていません」と、急激に落ち込んだりします。

気分の上がり下がりが極端なときは要注意です。成功しか見えないときも、失敗しかする気がしないときも、大事な判断をするのはやめておきましょう。気分が落ち着いて冷静になるまで待つのがお勧めです。

お金に対する恐怖の正体は、シンプルには「死の恐怖」です。

恐怖心が強い人は、「お金がゼロになったら死ぬ」というぐらいに考えています。

つまり、「お金」と「生存」が密接につながっているわけです。

他にも、人はお金にさまざまな意味づけをします。

安心、自由、優越感、権力、苦労、などなど。

そして、お金という概念に心を乱されて、判断を誤ってしまうわけです。


逆に、**冷静な判断ができる人は、お金を「単なる数字」だと認識しています。**

最悪、マイナスになっても死ぬわけではない、と冷静です。

友人の経営者の中には、常に1億円ぐらい銀行から借り入れている方もいます。

また、「来月までに資金繰りに数千万円必要なんだ」というようなことを、数年も続けている方もいます。


あなたにとって、お金はどんな感情に強く結びついているでしょうか？

お金というものを感情に結びつけすぎず、ただの数字として冷静に見るということが起業家には必要になります。

お金に価値を置きすぎないということです。
それができれば、あなたの夢を叶えるための金額は、とても少なくて済みます。

恐怖をコントロールできると、お金もコントロールできる。

起業1年目からお金で困らない人は、覚悟できた分だけ投資する

友人のＷＥＢ制作会社の方が、依頼主とトラブルになっていました。

その依頼主が、「あまり売れなかったので、支払うお金がありません」と言って、ＷＥＢサイトの製作費を払わないからでした。

友人のほうは時間を使ってデザインを一生懸命考えて、外注費もかかっています。代金をもらえないと赤字です。

一方、依頼主のほうは、「なぜ成果の出ないものにお金を出さなければならないのか？」という主張でした。

一見、どちらの主張も、それなりに正しく聞こえます。

あなたがＷＥＢ制作会社の人間なら、このような人をお客にしたいでしょうか？

逆に、あなたが依頼主なら、成果の出ないWEBサイトに数十万円も払うでしょうか？

このケースは、うまくいって売れた場合も考えると、わかりやすくなります。

例えば「作ったWEBサイトから、数百万円の利益が出た」という場合です。

このときは、WEB制作会社は普通に製作費を払ってもらえるでしょうし、依頼主のほうは、経費を引いた利益をすべて得ることができます。

ということは、成功したら依頼主の利益は数百万円で、失敗したときは1円も払わなくて良いということになります。

これは少し都合が良すぎますよね。

「売れなかったから支払わない」のであれば、「売れたらそれに比例して多く払う」という条件でなければ不公平なわけです。

もし、あなたがWEB制作会社側だとしても他のビジネスをしていても、最初から、

「効果があったら払う（効果が出なかったら払わない）」

という条件であれば、成果保証をしている場合を除いて、取引したくないのではない

でしょうか?

つまり、リスクを取らずにリターンだけ欲しいという姿勢では、他人は動いてくれないわけです。逆の立場になれば、よくわかると思います。

リターンを得たいのであれば、しっかりリスクも覚悟しなければなりません。

起業家として自立した姿勢でなければ、周りと良い関係を築くのは難しくなります。

しかし、起業当初は数千円でも数万円でもリスクを取るのは躊躇すると思います。

何日も迷ってしまうこともあると思います。

チャレンジできないときは、多くの場合、最悪のケースをシミュレーションしきれていません。漠然と「怖い」と思っているだけです。

失敗したときに被る金銭的、心理的な損失をしっかりと計算し、「これぐらいのリスクならやってみよう」と覚悟して受け入れられたときに、人は動くことができます。

「失敗したら土日にバイトすれば良い」「実家に戻ってやり直せばいい」など、最悪のケースの対応策が決まれば怖くありません。

「何があっても投資の元は必ず取る！」と心の中で決められたら完璧です。

このとき、大事なのは元を取るのは自分だという点です。経営者なのですから、自分が主体なのは当然です。

「お金さえ払えば誰かが何かしてくれる」

「権利を買ったら勝手に儲かるに違いない」

というものではありません。

ですので、もし覚悟できなければやめておきましょう。

「覚悟できたら投資する。できなかったら投資しない」、**シンプルです。**

失敗から目をそらして、つまり、成功したときのことしか考えないで、覚悟していないのに投資するとトラブルの原因になります。

うまくいかないからと相手に文句を言ったり、約束を破ってお金を払わないと、後々の評判に響きます。

覚悟は怖いと言う人もいますが、それは厳密に言うと、覚悟していないから怖いのです。

文章で感覚をお伝えするのは難しいのですが、覚悟ができていると、すべてを受け入れられるのでけっこう落ち着いていられます。

すべて自分の責任だと受け入れたとき、投資の効果は最大になる。

起業1年目からお金で困らない人は、自分に投資してもらう

「あなたに投資します」

と言われたことはあるでしょうか？

誰かが投資してくれるのなら、自分に資金力は必要ありません。

10人の投資家が1千万円ずつ投資してくれれば、1億円の資金が手に入ります。

他人が投資してくれるような魅力的なビジネスであれば、自分にお金がなくてもできてしまうわけです。

実際、私の知り合いに居酒屋をやっている人がいるのですが、たまたま出会った人に「こんな店がやりたい」という話をしていたら、実はその人があるビルのオーナーさんで、

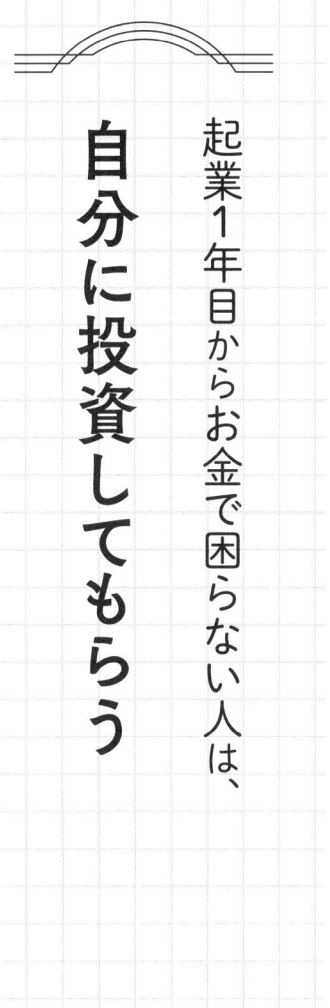

面白がって場所を提供してくれたそうです。

また、高額なセミナーの費用を知り合いの社長さんに出してもらった方もいました。

クラウドファンディングを使って、プロジェクトを立ち上げた知り合いも何人かいます。

どうしてお金を出してもらえるかというと、人には、頑張っている人や面白いことをやってくれる人、良いことをしてくれる人を応援したいという気持ちがあるからです。

自分ではできないことを代わりにやってくれるということで、感謝の気持ちで寄付や投資をしてくれます。

お金を出してもらった側は、代わりに世の中を良くしたり、面白くしたりする仕事をするわけです。

私も、日本で2011年に震災が起こったとき、現地に行って手助けをする余裕はなくて、心苦しい気持ちでいっぱいでした。

しかし、支援活動をしている団体に寄付をし、その団体が私の代わりに活動してくれている報告を読んだりして、とても救われた気持ちになりました。当時、こういう気持ちになった方は多いのではないかと思います。

ですので、**お金がないからといって、夢をあきらめる必要はありません。**応援者さえ集めれば、いくらでも大きなことはできます。

とはいえ、最初から他人が投資してくれるような事業を作らなければならないわけではありません。お金が集まらないからといって止まってしまうのは本末転倒なので、お金がなくてもできることからスタートすれば良いと思います。

ここで言いたいのは、**お金のために自分に制約を設けないということです。**

極端に言えば、「最後は100億円でも1兆円でも集めれば良い」という大きなイメージを持って、自由にビジネスを始めてみてください。

最初は小さく始めればいいのですが、ただ、将来たくさんの人に応援されるビジネスを目指すことはとても大事です。

「お金は投資してもらえば良い」というのと「小さく始める」ということは両立します。

「他人が投資してくれる事業とは？」という基準で考えると、ビジネスの魅力が格段に高まります。

自分が儲かれば良いというだけの発想ではなくなります。

日頃から、「自分なら自分の事業にいくら投資するだろうか？」と考えるのはとても良いことだと思います。

そういう観点でいると、自分を客観的に見ることができます。

投資するとなると、事業内容だけでなく、経営者のあり方なども気になると思います。実のところ、投資家は経営者が本当にあきらめずにやり遂げるかというところをかなり重視します。

事業計画の紙ではなく、話や立ち居振る舞いなど、その人からにじみ出てくる人間性で判断するわけです。

実際、一生懸命、本気になってビジネスに打ち込んでいれば、お金は出してもらえなくても、わからないことを教えてくれたり、お客様を紹介してくれたりと、さまざまなことを手伝ってくれる人が少しずつ現れます。

つまり、**周りの人が手伝ってくれるかどうかで、自分の普段の生き方がわかるわけです。**

そうやって事業や自分の魅力を磨いていけば、少しずつあなたの応援団は増えてきます。今日一日のあり方で、未来が変わります。

そして将来、あなたが描く素敵な世界を作るために、たくさんの仲間が協力してくれていることでしょう。そのときには、どんな大きな夢も叶います。

あなたの善意を形にするために、多くの人が応援してくれている。

第2章

ゼロからお金を生み出す

お金はどこから生み出されるのか?
そして、そもそも「お金」の正体とは?
実は誰でもゼロからお金を生み出せます。
それは、お金は「人間の感情」が生み出すものだからです。
お金を知るということは、人間心理を知ることでもあります。
これを感覚的に理解したとき、世界にはお金が無限にあり、
いくらでも生み出せるということがわかります。
そのために必要なことは何か?
ぜひ、この章で見つけてください。

起業1年目からお金で困らない人は、まずは1円を稼いでみる

1千万円、1億円を稼ぎたいのであれば、まずは1円を稼ぐ経験をすることをお勧めします。

少額でも良いので、誰かからお金をもらう経験は人生を変えます。

私の場合、マーケティングのセミナーで受講生の方々に、お互いにセールスし合うという練習をしてもらうこともあります。

「ネットでたくさん売る方法を勉強しに来たぞ！」

と、皆さん意気込んでいるのですが、まずは目の前のたった1人に自分の商品を売るということを体験してもらいます。

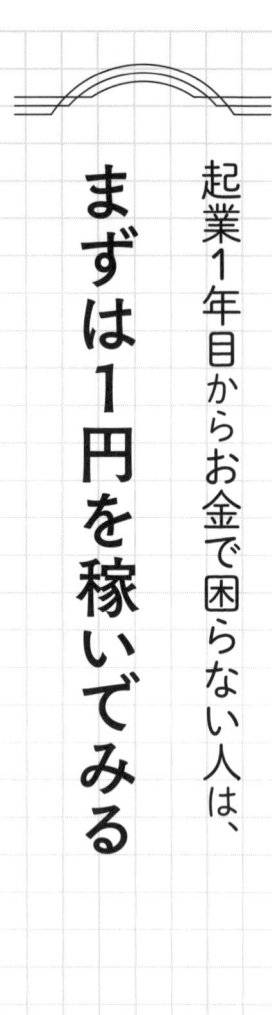

最初はこれがうまくいきません。「りんごジュースを売ります」「似顔絵を描きます」「タロットで占います」と言ってもなかなか買ってもらえません。

たった1人にさえ売れないのであれば、ネットで売っても広告を出しても売れないだろうと予想がつきます。それで最初はショックを受ける人もいらっしゃいます。

でも、何度かやっていくうちにコツがつかめてきます。相手のニーズを聞いて、必要な提案をすることで取引が成立するようになります。

そこでの経験は本当に貴重です。

なぜなら、**お金を稼ぐということは、人の気持ちを動かすことだからです。**

1円を稼ぐということは、1人の人間の気持ちを動かすことです。

何度か交渉をしていくうちに、目の前の相手の気持ちがわかってきます。自分が想定していたのとは違うところで、相手が悩んでいることも多々あります。

そうすると、どのような提案をすれば相手が喜んでお金を出してくれるのか、だいたいわかってくるのです。

りんごジュースを売るにしても、最初は「美味しいですよ!」とだけしか言わなかった人も、相手のニーズに合わせて、「ダイエットにも良いですよ」「気合を入れたいときに飲むと、元気になりますよ」「大切な人に贈ると喜ばれますよ」と、セールストークを工夫するようになります。

「それなら買います」

と、はじめて言ってもらえたときは、本当にみなさん喜ばれます。

目の前のたった1人に買ってもらえたとき、あなたはゼロからお金を生み出したわけです。つまり、**人の心を動かすほどの魅力**を作り出したのです。

相手の言葉や表情を見て、相手の気持ちを理解して、魅力的な提案をすることができたのです。

「欲しい」「買いたい」「お金を出しても良い」という気持ちを、相手の心の中に生み出したのです。

こうやってゼロから1を生み出すことは、相手の反応を見ながらでなければ、かなり難しい作業です。そして感覚的に身につけるには、試行錯誤して体感するしかありません。

ネットや広告は、あくまでも1を10や100に「かけ算」する機能です。

ゼロをいくら10倍、100倍にしてもゼロのままですので、1を生み出せるようになるまではお勧めしません。

1人ひとりに丁寧にセールスする練習が、最終的に一気にたくさん売るための早道です。

ビジネスとは他人の悩みを解決することです。あなたが、

「人はこの悩みにお金を払うのか」

と腑に落ちた感覚をつかめたら、今後、お金で苦労することはないでしょう。

他人の感情を深く理解できれば、いくらでもお金は生み出せます。

そして、それは難しいことではありません。

人の悩みをとことん聞き続けていれば、誰でもお客様の気持ちがわかるようになります。

それを通じて、ビジネスで成功するだけでなく、自分が存在している意義さえ見えてくるかもしれません。

お金を生むとは1人の心を動かすこと。大金を生むとは大勢の心を動かすこと。

起業1年目からお金で困らない人は、「相場」にしばられない

商品の値段を決めるときに「相場」を調べることは良いと思います。

しかし、「相場」だけで価格を決めないということも大事です。

その相場が形成された背景を理解しないでいると、本質をつかめません。

ちょっと想像してみてください。

買ったことを忘れていた宝くじが、ジャケットの内ポケットから出てきたとします。確認してみると、なんと1等に当選しています！　そして、換金期限まであと1時間しかないということがわかりました。

このとき、あなたはどうするでしょうか？

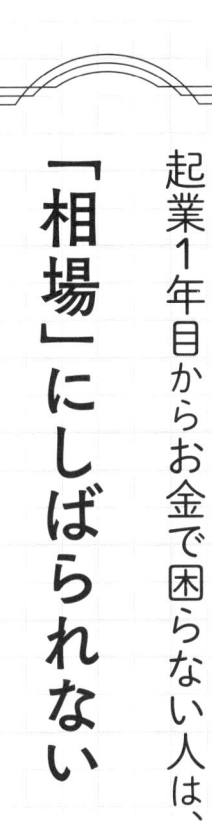

多くの人は急いで銀行に持っていくと思いますが、たまたま田舎にいて、近くにタクシーが1台しかないとします。しかも運転手さんは休みの日です。商売っ気がない人で、「今日は休みだから」と、普通に頼んでも乗せてくれそうにありません。

こんな状況であなたは、タクシーの運転手さんにいくらのお金を出すでしょうか？決まった運賃にこだわるでしょうか？

この質問をいろんな人にしたら、

「100万円払っても銀行まで行ってもらう」

と言う人もたくさんいました。それ以上出すという方もです。私もそのぐらい払ってもいいと思います。

何が言いたいかというと、**価格の妥当性は相手によって違う**ということです。

期限切れ間近の「数億円の宝くじ」を持っている人にとっては、1時間以内に銀行に到着してもらうことは、100万円やそれ以上の価値があるわけです。

日本では、タクシー代は地域ごとに定価が定められています。しかし、乗る人が感じる価値はそれぞれです。

タクシーの料金を高いと感じるか？　100万円でも安いと思うのか？　**価値は相手が決めるのです。**

ですので、値付けをするときは、安易に相場だけで決めずに、まずはお客様にとっての価値を考えてみてください。

本来、価格はお客様に「安かった」と思ってもらえるならいくらでも良いのです。**数百万円の車でも、数千万円の家でも「ありがとう。良い買い物をした」と思ってもらえたらその価格で良かったのです。**

「相場」が価格を決めるわけではありません。

値付けをするという行為は、じっくりとお客様にとっての価値を理解し、自分なりのクオリティの基準を提示することでもあります。

お客様の身になって「本当にその価格ほどの価値が提供できているのだろうか？」と、振り返って考えることが大切です。

「相場」だけで価格を決めるというのは、お客様を理解するという大事なプロセスを放棄することにもなりかねません。

最初は「相場」を参考にしてもいいのですが、少しずつ自分なりのポリシーを明確にし、価格という大切な意思決定をしていきましょう。

あなただけのオリジナルの価値があれば、他の商品と比較される必要はありませんし、「相場」を気にする必要もありません。あなたは、あなたのお客様に対して、あなたらしい価値を提供すればいいわけです。

ひたすら追求し続ければ、「相場」に左右されないあなたらしいビジネスに、最後は、きっと成長しているはずです。

ポリシーを明確にすれば、相場にこだわらないお客様に支持される。

起業1年目からお金で困らない人は、原価を気にしない

あなたは原価にシビアでしょうか?

「あのお店のポテトの原価はたった10円らしい」「口紅の原価は6円らしい」など、原価に敏感な方も中にはいます。原価率が低いことが悪いことであるかのような言い方です。売り手が暴利をむさぼっているように感じるのでしょう。

しかし、売り手がこの感覚だと商売はやりづらいかもしれません。

実際に、起業したての方の中には、原価が安いからといって値段を上げられない方が予想以上に多くいらっしゃいます。

「原価がこれぐらいなのに、どうしてこれでお金をもらって良いのかわからない」と、

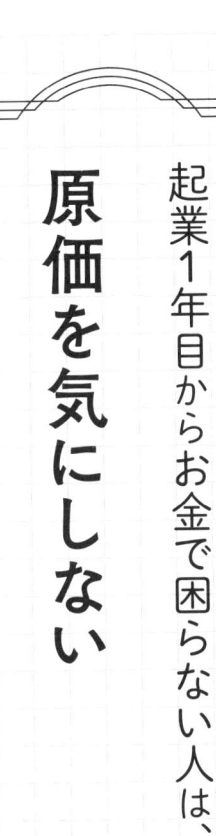

口をそろえておっしゃいます。

さらに、シビアなお客様に、「どうして他のお店で買ったら500円なのに、ここは2千円なんですか？」とか「なんであそこは無料でやってるのに、あなたはお金を取るんですか？」と質問をされて、答えられずに困ったという人も結構いらっしゃいます。

しかし、売値は原価だけで決まるものではありません。

原価で計算すると、なんでも安くなります。**ピカソの絵もキャンバス代と絵具代しかもらえなかったら、かなり安くなってしまいますからね。**

レストランを例に挙げてみますと、もし、材料費と光熱費、家賃の分だけを請求していては、商売が成り立たないことは想像できると思います。

そもそも人件費が抜けています。調理や給仕だけでなく、食材の仕入れ、仕込み、掃除や後片づけなど、けっこう労力がかかっているわけです。

また、さまざまな付加価値も提供しています。

良い食材を探してくる。

それを交渉して購入してくる。

メニューを考える。

作りたての料理を短時間で出す。

一定の品質の料理を出す。

綺麗でおしゃれな内装にする。

清潔で品のある食器を使う。

素敵な音楽を流す。

感じのいい接客をする。


これらを自分でやろうとしたら大変です。

もし私がやったら、すぐに料理を焦がして煙がモクモクと出ることでしょう。そして、今から料理教室に通うのは面倒です。

そういったことを自分でしなくていいというのは、本当にありがたいことです。


見えない付加価値というものは、思った以上に大きいものです。

不思議なことに、こういう作業に、「材料費」「調理費」「品質管理費」「テーブル使用料」「食器使用料」「ナプキン使用料」「片付け作業費」と名前がついていたら、急に有料サービスという感じがしてきます。

もし、自分の価格設定に疑問があれば、もらうお金にこんなふうに「○○料」「○○費」と名前を付けて、金額を設定してみることです。

それだけで、自分のサービスの価値に納得できるようになります。

1つずつは少額ですが、細かく内訳を出して積み上げてみると、相当な金額になっているのではないでしょうか。

そうやって見てみると、**あなたは見えない価値をたくさん提供しているはずです。**

あなたなりのセンスで、他の人とは違うちょっとしたサービスを自然に生み出しているのです。

逆に言えば、自分がサービスを受けるときには、いろんなことを代行してもらっていることに感謝してみるのがお勧めです。

そのサービスの値段が安く感じられますし、世の中に溢れる見えない価値の多さを実感できます。そして、あなた自身の価値にもより気づくことができます。

見えない価値が、気づかれずにお客様を幸せにしている。

起業1年目からお金で困らない人は、「お金がない」という言葉に惑わされない

「お金がありません」

という断りのセリフは本当はそういう意味ではありません。

実際には、その人が価値を感じていないというだけです。

あるとき、私は友人をセミナーに誘いました。

私が主催するセミナーの価格は30万円ぐらいだったのですが、彼にはぴったりだと思ったので誘ったのです。

でも、彼は参加しないとのことでした。彼の断り文句は「お金がないんだよ」だったので、そうなのかと思って引き下がりました。

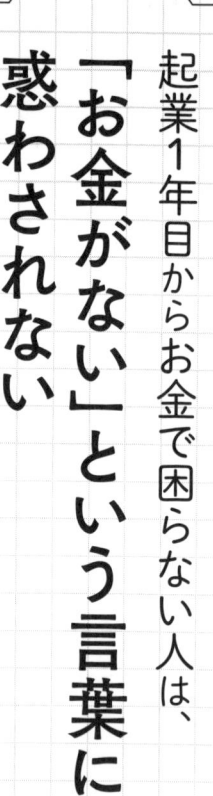

1年ぐらいして、そろそろどうかと思って、また誘ってみました。

彼の答えは同じでした。

「お金がないいんだよ」でした。


しかし、その後に続く言葉を聞いて、私は驚きました。

「最近、40万円のアコーディオンを買ったばかりでお金がないいんだよ」

と彼が言ったのです！

衝撃でした。彼にはお金があったのです。

私の主催するセミナーにお金を払うほどの価値を感じていないだけなのだと、ものすごく腑に落ちました。アコーディオンには40万円を出すわけです。十分にお金はあります。


この項目でお伝えしたいのは、**要は、売れないことを相手のせいにしない、ということです。**

人は本当に欲しいと思えばお金をなんとかやりくりして買います。家であれば、数千万円の借金をして購入するわけです。

ですので、「お金がない」と言っている人を「持っていない人」「払えない人」、ましてや「お金がなくて可哀想な人」と思わないほうが良いわけです。「本当はみんなお金を払えるけど、自分の商品の価値が伝わってないだけだ」と思ったほうが建設的です。

価値を伝えきれていないし、努力が足りていないだけなのです。

相手のお金の問題だと思うと、そこで解決策がなくなります。

売れないことを相手の懐具合の問題にしたり、「この人には手が届かないだろう」と決めつけて、そもそもセールスをしないということはお勧めしません。

本当にその人に必要だと思えば勧めてあげればいいし、どうやってその人に価値を感じてもらうかという、知恵を絞る機会として捉えると良いと思います。

また、価値を感じていない人に対して、値段を下げても多くの場合買ってくれません。価格の問題ではなく、欲しくないだけですので。

それに、良かれと思って価格を下げて提供しても、価値を感じないままですので、満足度も非常に低くなります。本気度も低いし、それなりの反応しかありません。

結局はお互いに後味の悪いことになってしまうケースが多いため、値下げして売った人たちの多くは後悔されています。

もし、今その人がお金を本当に持っていなくても、その人は、一時的にお金を持っていなかっただけです。

どんな人でも本気になれば、何でもできます。

もし、相手が買わない決断をしたなら、相手を本気にできていない売り手の原因だと考えましょう。

心から望むことであれば支払うことができるし、商品を使いこなせるし、そして幸せになることができます。

売るということは、相手の可能性を信じ、リスペクトすることでもあります。

相手の可能性を100%信じられたとき、最高の提案ができる。

起業1年目からお金で困らない人は、お金が生まれる環境に身を置く

経営者の集まりなどだと、

「そうそう、こういう仕事があるけど、誰かできる人いないかな?」

というような話が普通に出てきます。そこで仕事が生まれるわけです。

飲み会の席で、配送代行の依頼をもらった、法人研修の仕事を紹介してもらった、WEB制作の仕事が決まった、などなど、そんな事例を挙げていくと枚挙にいとまがありません。

あるフリーで営業代行をされている方は、「飲み会に参加するのが仕事」だともおっしゃっていました。

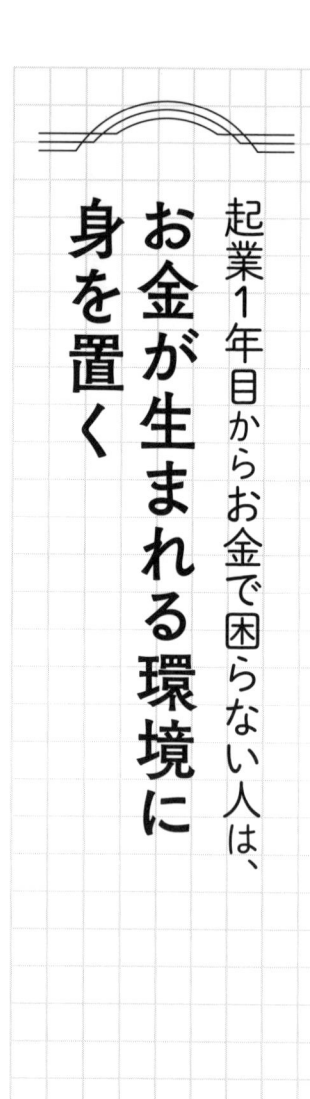

しっかり稼いでいる人の中には、そういう場に身を置き、仕事を依頼してくれる人間関係を日夜構築している人もいます。

そういう関係が1人しかないより、3人のほうが依頼が増えますし、10人のほうが、さらにいいわけです。とても単純な計算です。

お金は他人からもたらされます。お金とは他人からの感謝です。**お金の流れがあるということは、人との交流があるということです。**

ですので、お金をもっと得たいのであれば「お金が生まれる場」にもっと身を置くという方法も1つです。

ちょっと抽象的なのですが、目には見えなくても、常にお金は流れています。世界中でグルグルとお金は流れ続けているのです。

その流れの中に身を置けば、お金は自然に入ってきます。

新しいビジネスを生み出し、しっかり営業して、お金の流れを自分で作るというやり方もありますが、すでにある大きなお金の流れに身を置くというのも1つのやり方です。

お金の流れのない場所で悪戦苦闘せず、一度俯瞰《ふかん》してみて、お金の流れを探してみるのも良いかもしれません。

どんな地域でも業界でも、どんなに不況だとしても、儲かっている会社があります。

そういう人たちは、わざわざ大きな声で「うちは儲かっている」とは言いませんので、すぐに見つけることは難しいかもしれません。

しかし、交流を深めていくと、徐々にそういう話も出てきたりします。会話の中で、大きな金額の仕事の話が出てきたりします。

いろんなところに顔を出していると、少しずつつながりができてきます。

もちろん、最初からガツガツと営業モードでいくことはお勧めしません。

まずはただ、その場に身を置くぐらいで良いと思います。

自分の仕事の話は、

「ところで、あなたは仕事は何をしてるんでしたっけ」

と聞かれてからでも遅くありません。

リラックスして会話に耳を傾け、心を開いて聞いているときに、仕事の話が生まれます。自分では想像もしないような依頼が舞い込んでくることもあると思います。

流れに乗っていると、思いもかけないビジネスが生まれます。

逆に言えば、「自分の仕事はこれだけ」「こういう依頼をもらわなければ」とガチガチに凝り固まって考えているとチャンスを逃します。

未知の仕事は不安かもしれませんが、相手は、あなたならできるだろうと思って依頼します。

仕事を頼む理由はたまたま近くにいたからです。誰かの知り合いなら安心だから、というだけの理由です。差別化とか専門性とかそういう難しいことは必要ありません。

それに、相手はあなたに100％任せようというわけではなく、一緒に協力しながら進めれば良いと考えていることがほとんどです。

そうやってチャンスをつかんでいくと、仕事の幅が広がります。

チャンスもお金もすでに存在しています。
それをつかむための感度を磨けば、世界の見え方が変わってきます。

人の数だけチャンスがある。流れに逆らわずにつかもう。

起業1年目からお金で困らない人は、時間ではなく価値をお金に変える

セミナーなどで、「1億円稼ぎたい人は？」と聞くと、ほとんど手が挙がりません。

でも、質問を変えて「苦労せず毎年1億円稼げるとしたら、欲しいですか？」と聞いてみると、とたんに手がたくさん挙がります。

これは何を意味しているかというと、**「1億円を稼ぐことはしんどくて大変なことだ」と心の中で思っているということです。**

ずっと勤め人をしていると、「たくさん稼ぐには長時間働かなければならない」という考えが身に沁み込んでしまうのかもしれません。

「10倍稼ぐには10倍時間がかかる」

と思ってしまうわけです。

「いったい1億円稼ぐには、何十年働かないといけないのだろうか……?」と、途方に暮れてしまう人も少なくありません。

しかし、起業家にはこれは当てはまりません。

10倍の時間働いても10倍稼げるとは限りませんし、同じ時間で10倍稼げるというケースもあります。

「時間」と「お金」を切り離して考えるのが起業家的な発想です。

例えば、ある食品の卸売り業の会社が、ちょっとしたアイデアで利益を大きく増やしました。

やったことはシンプルです。売れ残りの在庫を近所の住民に小売りしただけです。

自社の駐車場にテントを張って売り場を作り、手作りのチラシを近所の家にポスティングしたら、たくさんの人が買いに来てくれたそうです。

ほとんどコストはかかっていませんし、そもそも捨てる在庫から売上を得ることができたのと、廃棄コストも減らすことができたということで、まさに一石二鳥です。

こういった話はよく聞きます。

- 商品名を変えただけで、売上がドカンと上がった。
- 「業務用」にしただけで、値段が高くできた。
- チラシのキャッチコピーを変えたら、バカ売れした。
- 売る経路を変えたら、何倍にも市場を広げられた。
- 標準化したらフランチャイズ化できた。

これらは、ちょっとしたアイデアです。

パッと浮かんだアイデアがゼロから価値を生み出します。たった1つのアイデアが1億円にも10億円にもなる場合もあります。

思いつくには、何年もかかる場合もあれば、5分で思いつくこともあります。セミナーで聞いたことを1つ取り入れただけというケースもあります。時間には比例しません。

起業家は長く働いたからといって多く請求できません。どれだけ価値を生み出すかが勝負です。結局のところ、売上に比例するのは、「時間」ではなく「価値」です。

ですので、**起業家には価値を創造する時間が必要です。**

やみくもに動き回るのではなく、お客様にとっての価値を考えることや、その価値を増やす方法を考えることに時間を使ったほうが、報酬は大きくなります。

もちろん作業の時間も必要ですが、価値を生み出すための頭脳労働の時間を必ず確保するのがお勧めです。

他人の10倍肉体労働をすることは物理的に不可能ですが、他人の10倍考えることは可能です。

成功している起業家は、毎日考えています。

たまにまとめて考えるのではなく、毎日です。

買い物をしていても、映画を観ていても、リゾートにいても、価値を生み出す方法を考えています。

そして、誰も思いつかなかった方法で、課題を解決しようとします。

あなたも試行錯誤を続ければ、きっと大きな価値を生み出す方法を編み出せます。

ちょっとしたアイデアが、世界中の人の生活を変えるかもしれませんし、業界の常識を変えるかもしれません。

今まで誰もがあきらめていたことを、あなたのアイデアで解決できれば、あなたは莫大な富と感謝を得ることができるでしょう。

多くの人を幸せにするアイデアが、一瞬でひらめくこともある。

起業1年目からお金で困らない人は、
売れるかどうかを「感情」でチェックする

「この商品、売れるでしょうか?」

と聞かれることがありますが、答えはお客様が決めますので明確には答えられません。

当然ですが、最初から売れると決まっている商品はないわけです。

答えは「やってみないとわからない」ということになります。

ですので、できるだけお金をかけずにテストをしてみて、その結果を受けて売れるように改善し続けるというのが、うまくいく人のやり方です。

「売れる」とわかってから売る、ということであれば、いつまで経っても販売開始することができなくなってしまいます。

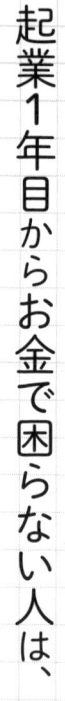

「あらかじめ答えがどこかにある」という間違った前提でいると、すべてがうまくいきません。

存在しない答えを探し続ければ、時間は無限にかかります。

この前提だと、質問も間違ってしまいます。

「チラシの行数は何行がいいでしょうか?」「値段はいくらが良いですか?」「営業トークの長さは何分がいいですか?」など、答えのない質問をしてしまいます。

「お客様が面白いと感じたら、チラシは何行でも、トークは何分でも大丈夫です」

と答えたら、

「『面白い』って何ですか?」

という質問さえ出てくることもあります。

「おいしい」が人によって違うように「面白い」も人によって違います。

一般的な答えがあるわけではなく、1人ひとりの感情です。相手がどう思うかです。

しかし、売れるかどうかを事前にチェックする方法はあります。

自分がお金を払うかどうかをイメージして感じてみる、という方法です。

「もし自分なら、財布からお金を出して払うだろうか？」

「銀行のＡＴＭやネットバンクに金額を打ち込んで、振込ボタンを押すだろうか？」

「クレジットカード番号を入力して、決済実行ボタンを押すだろうか？」

ということをイメージしてもらうわけです。


このときに大事なのは、しっかりと感情を味わい、身体反応を確認することです。

レモンや梅干しを口に入れることをアリアリと想像したら唾液が出ます。

同じように、**抵抗のある金額を支払うイメージをすると、みぞおちのあたりが「うっ」と苦しくなってきます。**

感情的に「その金額は高い」と自分で思っているわけです。

そのときは商品内容と金額を検討し直す必要があります。

逆に何の抵抗もなく支払えるのであれば、その商品にとってその金額は妥当だし、売れそうだと判断できます。

人は感情で買うかどうかを決めて、その後で理屈で正当化します。最初から理屈で売ろうとしても、うまくいかないわけです。

ですので、まず、感じてチェックしなければなりません。


ビジネスの難しさは、先に答えがないところにあります。

しかし、答えは自分の中にあるし、お客様の中にもあります。

ただ、味見しないとおいしいかどうかわからないように、反応を見ないことには内側の答えを引き出すことはできないということです。

答えがないことに対する不安は誰もが感じますが、テストをし続ければ答えが見えてくるということを知っていれば、それほど怖いものではありません。

答えはお客様の中にある。それを知る方法もある。

起業1年目からお金で困らない人は、

代金を感謝で受け取る

起業間もない人の多くが直面するのが、**「お金を受け取れない」という強烈な気持ち**です。

「こんなにもらって申し訳ない」という気持ちが湧いてくるわけです。

サラリーマンであれば給料は固定ですので、どんなに高い金額をお客様からもらっても、それほど気になりません。

しかし、いざ、自分のビジネスで金額を提示するとなると、心臓がドキドキしてきます。

「これだけの仕事で、こんなにもらっていいのだろうか……」

と不安になったりします。

自分がダイレクトに受け取る立場になるからです。

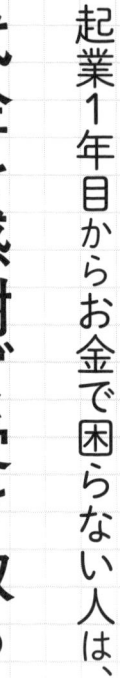

起業した人やフリーランスの人でなかなか儲からないという方は、ほとんどの人がこの気持ちのせいでお金が受け取れません。

なぜ、受け取れないのか？

これは、いわゆる「罪悪感」です。

例えば、自分の子供が友達からプレゼントをもらったら、「お返ししなければ」と焦る親がいます。そして、お返しをしたら、先方の親も焦ってまたお返しをして、きりがないという状態になります。そして、最後には「もうプレゼントをあげるのはやめましょう」という話になったりします。

これが典型的な罪悪感の応酬です。

本当は感謝で受け取れば、こんなことにはならないはずです。**素直に「ありがとう」という気持ちで受け取ればいいだけの話です。**子供たちはそういう気持ちでプレゼントをしていると思います。

そういう私も、他人の善意に対して罪悪感を感じることがありました。

自宅でこれから夕食というときに、電話がかかってきました。「先に食べておいて」と家族に伝えたのですが、電話を終えて食卓に戻ってみると、まだ待っていました。私は「先に食べてって言ったのに！」とつい、強い口調で言ってしまいました。すると妻は「待っててくれてありがとうって言ったら良いだけでしょ」と言いました。確かにそうです。最初の私の反応は罪悪感です。罪悪感に耐えられなくて、怒りに変わって強い口調で言ってしまったのです。単に感謝していれば良かっただけですよね。

罪悪感と感謝は一見似ています。お返しをしようという行動が同じだからです。でも、そこに生じている気持ちはまったく違います。罪悪感は相手の善意に対して感情が反発してしまっています。「返さなきゃ、返さなきゃ」という苦しい感情が湧いているわけです。

心の中では、そのお金を受け取っていないのです。

お客様にとっては、せっかくお願いしているのに罪悪感で仕事をされたらたまったものではありません。

ミスや失敗をしないことばかり気をつけて、責められないことが目的になってしまっていたら良い仕事はできません。

せっかくなら、「ありがとうございます。良い仕事をしますよ！」と笑顔でわくわくしながら仕事をしてほしいものだと思います。

ですので、お金を受け取りづらい方は、他人の行為を感謝で受け取る、という練習をするのがお勧めです。

一旦払ってもらったものは、まずはありがたく受け取りましょう。もうそれはあなたのものです。お客様が「あなたに仕事を依頼する」「あなたにお金を払う」と決めた時点で、すでにあなたのものになっているのです。

それは、お客様からの信頼、愛、期待なのです。

感謝で受け取るというのは感覚としては、お客様からいただいた気持ちを、栄養のように体に吸収させるイメージです。そして「ありがたいなぁ」という気持ちを味わいます。

反発せずに一旦吸収して、そして湧き上がってくるものをエネルギーにします。

そのエネルギーを使って、次はあなたが相手に価値を提供するわけです。
この感謝のパワーは罪悪感より強力ですので、お金をもらうことに反発を感じたときは、ぜひ、意識してみてください。

お金は感謝で受け取る。喜びのエネルギーで貢献する。

第3章

自信を持って価格を上げる

価格はビジネスの成功を大きく左右します。
多くの人は、必要なだけ商品の価格を上げることができていません。
それは、自分自身を過小評価しているからかもしれません。
商品の価格を最大化するには、まず、自分自身の価値を認めなくてはなりません。
あなたには、あなたが思った以上に価値があります。
ぜひ、そのことに気づいてください。

起業1年目からお金で困らない人は、価格を3ステップで決める

「価格の決め方がわかりません」

という相談はかなり多いです。

形のない商品の場合は、特にこの傾向が強いかもしれません。

状況を聞くと、「考えが堂々巡りをして、いつまで経っても答えが出ないんです……」

と、考えることに力尽きてしまっている人も少なくありませんでした。

堂々巡りの思考プロセスはこのような感じです。

・価格をこれぐらいにすると、はたして買ってくれるか不安になる。

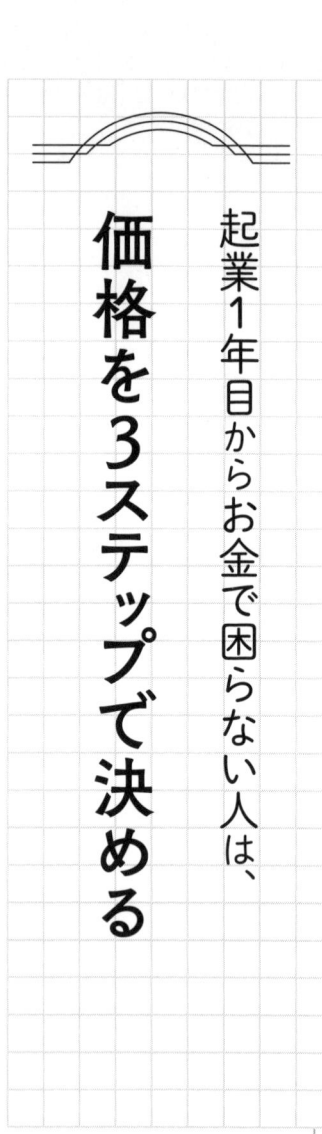

- じゃあ、値段を下げてみると、採算が合わないし。
- 採算が取れる人数に売ると、サポートしきれないし。
- それでサポート体制をしっかりすると、コストがこうなるし。
- だとしたら、価格を上げないと……以下、繰り返し。

まさに堂々巡りです。こうやってグルグル考えている方が想像以上にたくさんいらっしゃったので、本書で価格設定の手順をご紹介しておきます。

手順はとてもシンプルです。

一言で言えば、**価格を固定して考える**ということです。

例えば「10万円」と、価格を仮に決めてしまいます。それで、

- この価格で買ってくれそうなターゲット顧客を考えます。
- 欲しい売上が得られる個数を算出します。
- 満足してもらえるようなサービス内容を考えます。

・必要なコストを算出します。

「この価格にすると、買ってくれる人はこういう人で、これぐらいの人数が必要で、これぐらいのサービスレベルが必要」などなど、ちゃんと条件が明確になります。

とりあえず仮に価格を固定した上で、すべての条件を書き出してみます。

それが終わってから、20万円の場合、50万円の場合、というふうに価格を変えてみて、同じように条件を洗い出します。

これで、10万円、20万円、50万円の場合のビジネスの条件が出そろいました。

あとは、それらの選択肢を比較して、良さそうなものを選択するという手順です。

こうやって価格という1つのパラメータ（変数）を固定すれば、堂々巡りをせずに考えられます。

もちろん、そもそも高い金額に自信が持てなくて堂々巡りが始まるわけですので、**最終的には、「この金額でビジネスをする！」という決断が必要です。**

価格に限らず、経営者になると、さまざまなことを決める場面があります。
どんな場合も、

1、まずは判断をせずに選択肢を洗い出す。
2、一番良さそうなものを判断して選ぶ。
3、最後は決断する。

という3ステップで決めると、早くスッキリと決められます。

なかなか決められないときは、1番のステップが抜けていないか? チェックしてみてくださいね。

いきなり頭の中で正解を1つ出そうとせず、紙の上にたくさんの選択肢を出しましょう。

頭の整理ができれば、大事なことも決断できる。

起業1年目からお金で困らない人は、欲しい年商から逆算する

1億円を稼げる人というのはどういう人かというと、**1億円を稼ぐイメージができる人**です。

1千万円でも同じで、「1千万円を稼ぎたいです!」と言う方でも、ちゃんとイメージできている人は達成しますし、そうでないとなかなか進みません。

そのイメージは、達成したい目標を細分化すればするほど鮮明で具体的になってきます。例えば、「1億円の売上」という大きな数字の場合、漠然としかイメージできないという方がほとんどです。

しかし、「1億円の売上」を細分化すると、**「100万円の商品を、100個売ること」**

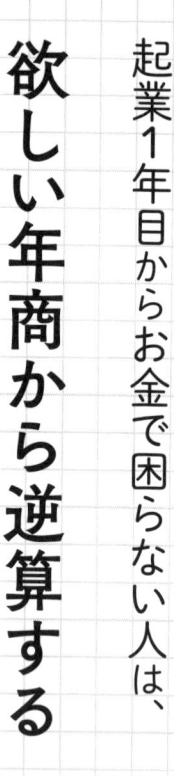

というふうにできます。

ざっくり1億円というより、少し現実味が増してきたのではないでしょうか。

もちろん、簡単ではありませんし、

「100万円の商品を作るには?」

「100個売るには?」

という問題が残っています。

しかし、「1億円の売上を作るには?」という問題よりは具体的で取り組みやすく感じられたはずです。


逆算なんて当たり前と思うかもしれませんが、案外やっていない方は多いです。

「1千万円は稼ぎたいです。とにかく頑張ります!」

と言って、単価の安い商品を販売されている方は驚くほど多いです。

計算すると、ものすごい人数に買ってもらう必要があることがわかり、「体がいくつあっても足りません。この単価では、ちょっとムリですね」となります。

せっかくですので、まだやっていない方は、ぜひ、これを機会にシミュレーションをしてみてください。

まず、あなたが欲しい年商はいくらでしょうか？

円

次に、商品の価格はいくらでしょうか？

円

では、その価格で目標の年商に到達するには、何個売る必要があるでしょうか？

個

その個数を売るためには、何人（何社）にセールスする必要があるでしょうか?

人（社）

実際計算して、「この単価では目標に到達しない」ということに気づき、愕然《がくぜん》とされる方は本当に多いです。

しかし、そこからがスタートです。

単価が高く、粗利がしっかり残る商品を作ることを、今から考え始めましょう。

ちなみに、「単価を上げられない」というのは、理屈ではなく感情の問題であることがほとんどです。（本書の大きなテーマの1つですので、他の項目も参考にしてください。）

目標の年商から単価や個数を明確にして、さらに行動も逆算して1年、1か月、1週間、1日でやることまで、細かくしていきます。

すると、今日一日の行動が、ちゃんと未来につながっていることを確信できます。

どんな夢も、逆算していくと今につながっていることに気づきます。

「今日何をすればいいのか？」がわかれば人は行動できますし、今日の行動が未来につながっていると感じられたら、やる気はグッと上がります。

まず確信できるイメージを作る。イメージから行動が生まれお金も生まれる。

起業1年目からお金で困らない人は、お客様の体験を大事にする

「これは楽しい！」「面白い！」「助かった！　ありがたい」

というように、その商品を体験したときの良い感情を味わったことがあれば、あなたはその商品を自信を持って売れるのではないでしょうか。

以前、居酒屋で「オススメは何ですか？」と店員さんに聞いたときに、ものすごい笑顔で、「これがオススメです！」と答えてくれました。

その店員さんに「食べたことあるんですか？」と聞いてみると、明るく「はい！　私も大好きです」という返事が返ってきました。

さすがに食べたことがあるだけあって、自信を持って勧めてくれて、安心してそれを

注文できました。やはり体感するのは大切だなと思いました。

逆に言うと、この気持ちを味わうことなく、**「こんなの誰が買うんだろう?」と思っていると、その商品を心の底からお勧めすることはできません。**

ですので、自分が扱いたい商品や、対象となるお客様が買っている商品は、消費者の立場になって体験してみることをお勧めします。

特に、「あんな価格で誰が買うのか?」「あんな場所にどうしてわざわざ行くのか?」「あんな面倒なことをなぜやるのか?」と思うような、自分の感覚では「ありえない」と思っているのに流行っている商品は、ぜひ買ってみてください。きっと新しい発見があります。

例えば、私は高級なチョコレートは自分では買わないと思っていました。「1粒で千円もするようなものを、誰が買うのか?」と。

しかし、いざ、ちょっとしたプレゼントを探す段になると、高級なチョコレートの良さを実感しました。トータル価格としては千円は手頃ですし、デザインもパッケージも高級感があって、プレゼントとしてはぴったりです。**100円の板チョコ10枚と値段**

は同じですが、受け取る側の喜びには雲泥の差があります。

買ってみて、ようやくこういうことが理解できました。

また、自宅のパソコンのハードディスクが壊れたときのことです。焦って修復してくれる業者さんを探しました。価格表を見たところ、高いと30万円とか50万円もかかります。私の場合は10万円でしたが、家族写真のデータなどがなくなることを考えると、背に腹は代えられないと思って支払いました。

仕事の大事なデータであれば、**100万円でも出す気持ちがわかりました。**

商品そのものだけでなく、接客などもぜひ体験してみてください。

例えば、洋服屋さんで迷ったときに、店員さんに、「すごく似合ってますよ」と言ってもらえると嬉しいものです。安心して購入できます。

逆に、あるとき、パーソナルトレーナーの体験セッションを受けたのですが、「3か月でこの体重まで落としたいのですが」と言ったら、その方が「う～ん、そうですね」と言ってはっきりしないので、不安になって契約しませんでした。

やっぱり、最後は背中を押してもらいたいものなのだなと実感しました。

また、資料請求した会社や、ご無沙汰しているお店からメールが来ると、「あ、忘れかけてた。良いタイミングに連絡をくれたな」とか「ああ、覚えていてくれてるんだ」という嬉しい気持ちになることもあります。

ご自身のビジネスで、「こんなこと、言ってもいいのか？」「連絡して嫌がられたらどうしよう」ということもあると思います。

しかし、自分がされて嬉しかったサービスは、自信を持ってお客様にもしてあげることができます。

どんどん他の良いサービスを受けて喜びを体験してみてください。

良い体験をすればするほど、お客様にも良いサービスを提供できるようになります。

価値や喜びを体感すれば、商品やサービスに自信が持てる。

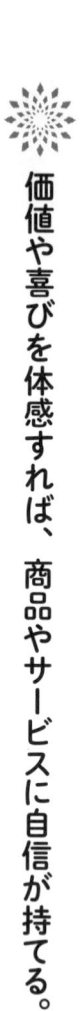

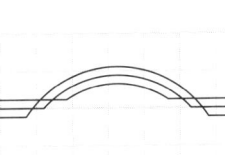

起業1年目からお金で困らない人は、「安すぎる」と思いながら売る

結論から言えば、**自分が「高い」と思っている商品は売れません。**

「こんな値段は高すぎる」「自分なら買わない」と思いながら売っていても、それは売れないでしょう。

売れない人は、商品に自信を持っていない場合が多いのです。

ひどい場合には、「こんな高い商品を勧めたら嫌われる」「100万円もするものを営業したら友達をなくす」というぐらいに思っています。

その気持ちに気づかないまま、「高い価格で売るテクニック」を求めて学びに来る方もいます。

しかし、**いくらテクニックを学んでも、価格にためらいがあるままでは売れません。**

売れている営業マンは、「この商品は安い！」と思っています。「買わないと人生で損しますよ」「なんで買わないんだろう」ぐらいの勢いです。

保険営業マンをされていた方が言っていましたが、トップクラスの営業マンは、保険という商品の素晴らしさを心から実感しているそうです。根底には保険によって救われた経験などがあるそうです。

彼らの熱意や信念を見て、「自分には到底かなわない」と思ってその方は保険営業の仕事を辞められました。

実際のところ、本当にあなたが「安い！」と思っている商品であれば、簡単に売れると思います。

例えば、非常に良い場所にある新築の大豪邸の何軒かを「今だけ100万円」であなたが売ってもいいとしたら、友達や家族にも「これ、安いから絶対買ったほうが良い」

と勧めるのではないでしょうか。

「100万円のものを友達に勧めるなんて」と思っていても、それは金額の問題ではないわけです。安いと思うかどうかの問題なわけです。

本当に大事なのはこの感覚です。

もし、心から「これは買ったほうが良い！」と思っていたら、それを売るためにセールスのテクニックは必要あるでしょうか？

また、もし勧めた人がこの商品を買わなかったとしても、「嫌われる」とは思わないでしょう。**「なんてもったいない！」という気持ちのほうが大きいのではないでしょうか。**

ですので、まずは自分がその商品はいくらが妥当だと思っているのかをチェックしてみることから始めると良いと思います。

あなたが売っている商品の価格

円

あなたが思う、その商品の適正価格

円

記入してみていかがだったでしょうか？

高いと思っているのか？
安いと思っているのか？

たぶん、あなたの気持ちが今の販売状況に反映されていると思います。

もし、売っている商品の価値がその数倍はあると思っていたら、売ることはとて

も簡単になるはずです。


お客様は商品のことはそれほど詳しくはわかりません。

売り手の熱意を感じて、「そこまで言うのであれば良いに違いない」ということで判断することも多いです。

どれだけ商品の良さを感じているかは、はっきりとお客様に伝わります。

あなたが価値を感じれば感じるほど、お客様もより幸せにすることができるわけです。

心から価値があると思っていれば、どんなものでも売れる。

起業1年目からお金で困らない人は、値上げする理由を作らない

何年も値上げしたくて、でもずるずると同じ価格のままビジネスをしている人は多くいらっしゃいます。

原因を聞いてみると、「お客様に値上げの理由をどう説明すればいいかわからない」という答えも多いです。

値上げにはいろんな理由が考えられます。

- 物価の高騰
- 原材料費の高騰
- 税金や制度の変更

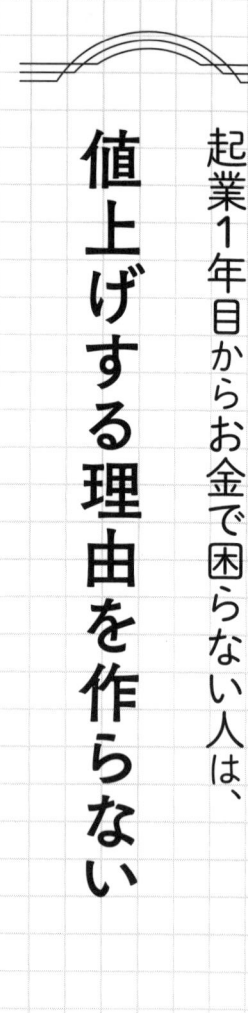

・サービス内容の向上
・etc.

いろいろやってみてわかってきたのですが、**多くの場合、値上げに理由はいりません。**たくさんのクライアントさんに試してもらいましたが、ただ値上げするだけで問題ありませんでした。

急に値上げすると困るお得意様がいる場合もあるのですが、その場合には、「○月から価格改定させていただきます」と早めに連絡しておけば問題ありません。

多くの場合、お客様からすれば、「ふーん、そうなんだ」というだけのことです。

そうは言っても、「値上げは今までのお客様に申し訳ない」という気持ちが湧いてくる方もいらっしゃいます。

そういう場合は、あなたの理想から逆算するのが一番です。

例えば、10年後、20年後をイメージしてみてください。

・そのときには、どのような人生を送り、その人生の中でどのようにビジネスを行っているでしょうか？
・ずっと価格は据え置きでしょうか？　それとももっと高価格でしょうか？
・そのときは、どんなお客様に囲まれているでしょうか？

いかがでしょうか？
たぶん、お客様も、価格も、今と違うのではないでしょうか。

そもそも値上げしたいという気持ちがあるということは、今の価格に納得がいっていないからだと思います。あなたの商品の価値はもっと高いし、あなたの理想とするビジネスは、もっと高い報酬をもらってもいいものなのでしょう。

もし、未来のお客様のイメージが今のお客様と違うのであれば、舵を切るタイミングなのかもしれません。

値上げをしても、価値を感じてくれていれば今のお客様も続けて来てくれます。

そうでないお客様は来なくなりますが、多くの場合、新しい価格帯で買ってくれるお客様が増えてくるので長い目で見れば利益は増えます。

もちろん、お世話になっている古くからの取引先で、まだまだ恩返しをし続けたいというところは価格据え置きにすれば良いと思います。

もう、十分恩返しができたと思ったら、心から感謝を感じながら、ビジネス上での関係は卒業すれば良いのではないでしょうか。

成長するにつれて、あなたが貢献する対象が変わっていくことは当然のことです。

値上げをして卒業していったお客様も、きっとあなたを応援してくれているはずです。

理想に向かって一歩ずつ昇っていくあなたを、多くの人が応援してくれる。

起業1年目からお金で困らない人は、満足してくれる人を相手にする

価格を上げることに対する不安はいろいろあります。

クライアントさんのお話をお聞きしたら、その不安の1つは**「売った後のクレームが怖い」**ということだとわかりました。「こんな値段でこれぐらいのクオリティか！」と言われないかという恐怖です。

しかし、あまり心配する必要はありません。実は、多くの場合、高い金額を出してくださった方は紳士的だし満足度も高いものです。自立的に考えてくださるし、自分で満足してくださいます。

飛行機では、ファーストクラスに乗る人は穏やかで紳士的で、トラブルやクレームに

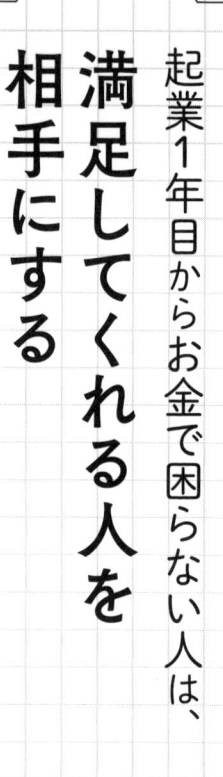

なることはほとんどないという話があります。実際、元CAの何人かの方々に聞いてみたところ、その通りだと言っていました。

また、レストランでも同様です。庶民的な外食チェーンのレストランだと、酔っ払ったお客が怒鳴っていることがありますが、高級レストランではそんなことはありません。もしクレームがあったとしても、紳士的に言ってくれると思います。

これは、あなたが買う側のときも同じ気持ちではないでしょうか。

スーパーで安いお菓子を買ったときは適当にパクパクと食べてしまいますが、普段買わないような高級スイーツを買ったら大事に食べると思います。お気に入りのお皿に綺麗に乗せて、おいしいお茶と一緒にじっくり味わうのではないでしょうか。そして、「さすが、高級スイーツは違うな」と満足するわけです。

どうしても、高い価格を払ったときのほうが満足感を得やすいのです。

私の経験でも、良かれと思って「お金がないから」という人のために、特別に安い価格でセミナーを提供したことがあります。

喜んでもらえるかと思ったのですが、予想に反して、その人からの評価はいまいちでした。定価で参加されている他の方からのほうが評価が高かったのです。

つまり、**クレームが嫌なのであれば、逆に価格を上げたほうが良いということです。**

もちろん、その分、しっかりと価値を提供しなければなりませんが、もらっている額が大きいので、お客様の数を減らして手厚い対応をすることができます。そのほうがお互いに幸せなわけです。

それに、**どんな価格であっても、その価格で買いたい人がいます。**

そもそも買いたくない人に、高い価格で買わせるわけではありません。

オーダースーツを扱っている友人の経営者がいるのですが、ビジネスをスタートさせてから、15万円、30万円、50万円、１００万円と、どんどん良い生地のスーツを扱うようになったそうです。

なぜかというと、お客様から、

「もっと高いやつないの？」

と聞かれるからです。

このように、値段は高くても品質の良いものを求める人は確実にいます。

そういう人たちに安いものを提案すると、逆に買ってもらえません。高価格のものを提供するのはお客様のためでもあるわけです。

ですので、**価格を上げるということは、客層を変えることだと考えても良いと思います。**

その商品を、もっともっと大切に感じる人が集まります。

商品というのは「価格」も含めて価値が決まります。

大切にしたい気持ち、商品に対する愛やこだわりなど、そういう気持ちも一緒に提供しているのかもしれません。

価格そのものにも価値がある。すべてにおいて高品質を提供しよう。

起業1年目からお金で困らない人は、幸せになったお客様をイメージする

価格を上げられない人は少なくありませんが、あるアドバイスをすると、商品の価値に自信を持ってもらうことができます。

どんなアドバイスをするかというと、**「お客様の幸せになった姿をイメージしてください」ということです。**

例えば、あなたがチョコレートを売っているとします。

ある日、女子高生があなたのお店に来ました。

彼女は、片思いの相手に贈るチョコレートを探しているようです。相手は1つ年上の先輩でスポーツ万能なさわやかな青年だそうです。

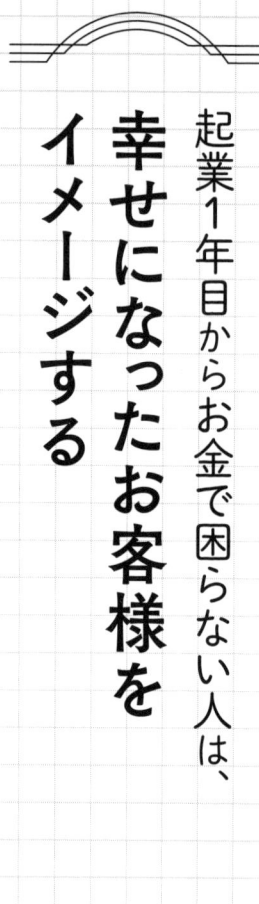

そんな彼に明日、チョコレートを渡して、愛の告白をすると聞いたら、あなたはどう思うでしょうか？　きっと、その女の子のことを応援する気持ちになって、一緒にチョコレートを選んであげるのではないでしょうか。そして、ラッピングやメッセージについても親身に相談に乗ってあげるのではないかと思います。彼がチョコレートをもらって恋が成就するシーンをイメージすると思います。

このとき、あなたにはセールスしているという感覚はないと思います。とにかく親身になって、女の子のためにあれこれ考えるだけだと思います。

その気持ちのときは、素直に商品を勧められるのではないでしょうか？

セールスのときに大切なのは、この感覚です。

学生が元気になって学業に励んでしっかりと社会に貢献できる人になるイメージができれば、ただ食堂をするより頑張れると思います。

お年寄りの腰の痛みがなくなって、お孫さんと一緒に笑顔で遊べるようになったシーンをイメージできれば、ただ治療院をするだけでなく、もっと多くの人を元気にしてあげようと思うでしょう。
生徒さんが会社で活躍して年収も断然増えて、理想のビジネスライフを過ごしているイメージができれば、ただ英語を教えるだけでなく、多くの人に届けたいと純粋に思うはずです。

お客様の未来の幸せな情景をイメージして、幸せになるほうに背中を押してあげてください。

その気持ちであれば、自信を持って笑顔で商品が勧められると思います。

イメージをするときに、さらにお勧めは「一生のスパン」で価値を計算してみることです。あなたの商品がお客様の人生全体にどんな良い影響を与えるかを見るわけです。

例えば、私のクライアントさんが起業されたときに、起業できたことで得られた金銭的なメリットを計算してもらいました。

お勤め時代の年収と比較して、あと20年働くとして一生で「4億円の違い」があると言っていました。

そう考えると、コンサルティングや講座の価格は安く思えることでしょう。

そして、お金には換算できませんが、毎朝、満員電車に乗らなくていい生活を手に入れることができて、これはもうプライスレスだとおっしゃっていました。

さらに、友達から「このごろ顔が優しくなった」と言われるようになったそうです。

そんなふうに過ごす人生は素晴らしいですよね。


お客様が受け取る一番の価値は、お客様自身が変わることだと思います。

私は起業やマーケティングの支援をしていますが、最終的にはお客様に「自分のことが大好きだ」「人生は素晴らしい」と思ってもらうのが目的です。

そういうシーンをイメージしながら、メールを出したり、チラシやパンフレットを渡したりしています。

あなたの仕事を通じて、お客様の最高の人生に貢献できる。

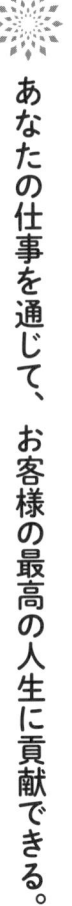

起業1年目からお金で困らない人は、次のお客様のためにお金をいただく

近所のコンビニが閉店して、とても不便に感じたことがあります。

そのお店がなくなると、少し先まで歩かなければなりません。ですので続けていてほしかったのですが、品ぞろえや雰囲気からすると、あまり儲かってなさそうでした。

そこがしっかり儲かっていてお店を続けてくれれば、私だけでなく近所のたくさんの住民が助かっていたと思います。

逆に言えば、**ビジネスが継続できないと、必要としているお客様が困るわけです。**

実際に、私も困った1人です。

大手の運送会社さんが倒産したら多くの人が困ると思います。明日からどうやって荷

物を送れば良いのでしょうか。ネットで買っても商品がすぐに届かないでしょうし、日本全体の経済が停滞するかもしれません。

また、経営が立ち行かなくなって病院が閉鎖されたら患者さんは困ります。

ですので、**お客様に貢献し続けるために、企業は利益を出す必要があるわけです。**

「利益は最低限で」と言う人もいます。こんなに儲けたら申し訳ないと。

でも、利益はあなたが私腹を肥やすためのものではないので、申し訳なく思う必要はありません。**利益とは、次のお客様に貢献するために使うお金です。**

しっかり利益を出すのは次のお客様のためですし、経営者の責務です。

利益が少ないことをことさらにアピールするのは、「利益を自分のために使っている」という感覚があるからかもしれません。それが後ろめたさになっているわけです。

利益はお客様のために使われるというのはこういうことです。

利益の中から次のお客様への準備を行います。仕入れに必要かもしれませんし、さまざまな事務作業にかかるお金もあるでしょう。

また、より良いサービスのために、さまざまな投資に使います。

古くなった設備をリニューアルすることや、より広く知ってもらうためにマーケティング活動に投資することもあるでしょう。

また、より良いサービスを提供するために、ご自身のスキルアップに使うことも大事です。経営者が学び続けるということです。

当然、あなたが生活するためのお金も必要です。しっかりと給料をもらってください。

そして、貯金もあったほうが良いでしょう。ある程度の資金の余裕があることで、あなたが安心してビジネスにまい進できるからです。

そして、もちろん遊びも必要でしょう。しっかりリフレッシュして、帰ってきたら仕事に打ち込んでください。

それらは、**どれもお客様のために使っていると思えばいいわけです。**

そして、残った利益から税金を払い、そのお金が公共のために使われます。学校が運営できて、道路などが整備されるわけです。

お客様にとって一番の良い利益の使い道は、あなたが幸せになることかもしれま

せん。

なぜなら、いつもお金がカツカツで、不幸そうな人から何かを買うことはそんなに気分が良いものではないからです。

できれば、幸せそうに働いている人に仕事をお願いしたいはずです。

お金は感謝で受け取り、自分を満たして、そのエネルギーでまたお客様に貢献するというサイクルが一番です。

そういう意識でいると、**「しっかり儲けて貢献してくださいね」**と言ってくれるようなお客様が集まってきます。

あなたのビジネスが利益を上げ、継続し続けることで、最終的にどんな世界が実現するのでしょうか？

その思いを共有できたお客様が、あなたにお金を使ってくれるわけです。

あなたが利益を出し続ければ、世の中が良くなり続ける。

起業1年目からお金で困らない人は、
1つの商品に集中できる

1つに集中すればするほどビジネスは成功します。

私も経験的に実感しています。

ビジネスの目が出てきたときは、それに集中するのがベストです。軌道に乗るまでは、あれこれ手を出すと大変です。

しかし、

「なかなか集中できない……」

「あれこれ手を付けてしまう」

「どれも中途半端……」

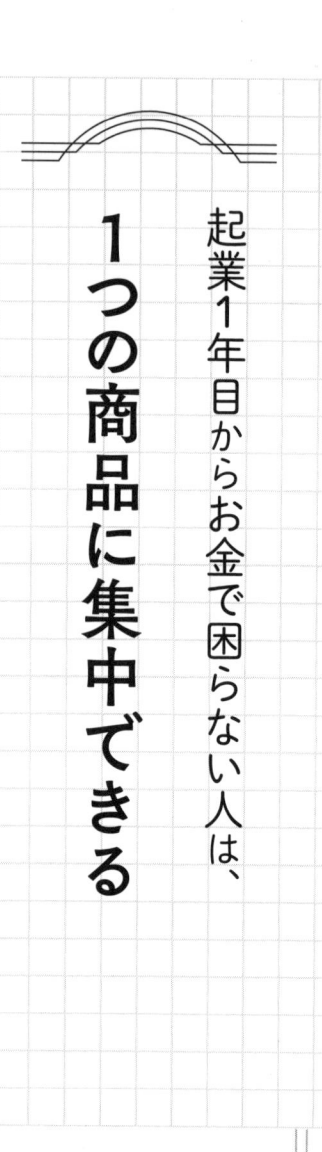

という方も少なくありません。

以前、ある会社の相談に乗っていたときのことです。

正社員は3人ぐらいの小さな会社なのですが、社長さんは本当にたくさんのことをやろうとします。

あれもこれも手を出して、どれもどっちつかずです。

いろいろ派手にやっているように見えて利益はあまり出ていません。やはり力が分散している感じです。

打合せであるプロジェクトの話をしていても、他の仕事の話を始めたりして、なかなか集中してくれません。

どうしたものかと思って、1つ質問してみました。

「このプロジェクトで利益が1億円出るとしたら、これだけに集中したらいいと思うのですが、どうですか?」

と聞いてみました。すると社長さんは、

「そりゃもう、それだけやりますよ！」

と目をキラキラさせて言っていました。

そして、「なんでいろいろやりたくなるのかわかった」と言っていました。

利益が少ないからいろいろと手を出したくなるのだと。

たぶん、1つのことに集中できない大きな原因は、この社長さんと同じように、そのビジネスの単価が安すぎるからではないでしょうか。

あまり利益が残らないから、他のものにも手を出してしまうのだと思います。

「これさえやっていれば他のことはしなくて良い」と言うぐらい、利益率の高いビジネスを1つ作って、それに集中するのが本来は理想です。

単価を上げると、それに集中できますので、クオリティも高くなります。

そうすると、お客様の満足度も高まって、口コミも起こりやすくなります。

やることがシンプルになるので、オペレーションもスムーズになって、コストも削減しやすくなります。

ドタバタも減りますので、ストレスも減ります。

また、あれこれやるほうがやった気になるし、充実感も感じられるし面白いと思うかもしれませんが、**実際は、1つのことを丁寧に行って品質を高めて成果を出したときのほうが満足度が高いものです。**

ですので、あえて単価を上げていき、自分を集中できるほうに持っていきましょう。

そして、その事業で十分に利益が出るようになったら、空いた時間で他の事業を始めれば良いと思います。

ただし、これから起業される方の場合は、この話は当てはまりません。

最初から1つに絞り込む必要はありませんので、お金をかけずに、いくつかビジネスをテストしてみてください。

最初は良いビジネスを探すために、あれこれテストすることに一点集中です。

1つに集中するほど、あなたの価値も人生の満足度も高まる。

起業1年目からお金で困らない人は、

高価格だけど、ぼったくらない

価格を上げることと、ぼったくりをすることは同じではありません。

ホテルのコーヒーが1500円しても、ブランド物のTシャツが2万円しても、有名な人のアート作品が数十万円しても、誰も「ぼったくり」とは言いません。

「高価だけど適正な価格」というのがあるわけです。

普通に仕事をしていれば、ぼったくりになることはないと思います。

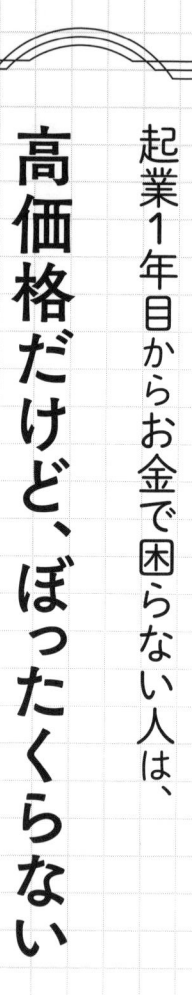

なのですが、誰かになにげなく「これ、ぼったくりじゃないですか?」と言われたときに、ショックを受けて落ち込んでしまう人も中にはいます。

ご自身の中でも、「高価だけど適正価格」と「ぼったくり」の違いが説明できなくて、

「自分は悪いことをしているのでは？」と、売るのが怖くなってしまうのです。

ですので、この項目では言葉を整理しておきたいと思います。

私が考える「ぼったくり」の定義は、情報を与えずに高額化することです。

この言葉は、一般的には飲食店などに対して使われる言葉で、事前に説明せず支払い時に法外な金額を請求することを意味します。

また、相手の知識のなさに付け込んで、必要のないものまで販売したり、価値があるのかどうか理解していない相手に高額で売ることも、そう呼んでも良いかもしれません。

いずれも情報を提供していません。

一方で、**しっかり価値を説明して、しっかり利益をいただくことは良いと思います。**

そして、相手が説明をちゃんと理解し、高くてもそれだけの価値があることを納得した上で支払う分には問題はありません。

後から知ると「ダマされた」「隠していた」と解釈されることもありますので、購入前にできるだけわかっている情報は提供しておくと良いでしょう。

例えば、競合他社の価格などは、ネットで調べればすぐにわかります。

であれば、最初から、

「A社、B社はこの価格です。弊社のほうが割高ですが、これだけのサービスをします。すべて理解された上でお選びください」

と伝えておくほうが信頼感が増すわけです。

しかし、いくら売り手が情報提供していても、クレームになることがあります。

それは、**そのお客様がその場の感情や高揚感で買っている場合です。**

「よくわからないけど、お買い得なんでしょ」「これさえ買えば大丈夫なんでしょ」と、自分で考えることをやめている状態です。

お客様が盲信してしまうと、期待とのちょっとしたギャップで、「信じてたのにダマされた」となってしまいます。

そういう人には、購入を決める前に冷静になってもらわなければなりません。

感情で購入する人は、クレームも感情的になるわけです。

そして、感情的になると人は、「ぼったくり」とか「詐欺」など、きつい言葉を使う傾向があります。

ですので、ちゃんと理解してもらっていないと感じた場合は、逆に売り手のほうから販売をお断りしても良いと思います。後でクレームになるぐらいなら、そのほうがお互いのためです。

ちゃんとわかってくれている人だけにお客様になってもらうのが安心ですし、長期的にもお勧めです。

あなたは真面目に良い商品を提供していることと思います。

感情的に「ぼったくり」と言われたからといって、それは相手が自分の気持ちを言っているだけであって、あなたの価値を損なうものではありません。

そういう経験をすることもたまにはあるかもしれませんが、価値を理解してくれる人のために、一生懸命やっていれば問題はありません。

価値が理解されるまで丁寧に説明する。そうすると良いお客様が集まってくれる。

起業1年目からお金で困らない人は、お金の使い道を提供する

経済を回して、必要なところにお金が流れるようにするのも、起業家の１つの仕事かもしれません。

景気が良くても悪くても、世の中にはお金はたくさんあります。

ただ、その流れが良いか悪いかの問題です。

お金があるところに溜まったまま滞っていては意味がありません。

ですので、世の中のお金を回すために、たくさんお金を持っている人が気持ち良くお金を使える場を作ってあげるというのも、起業家ができる素晴らしい貢献だと思います。

たくさんのお金を持っている方々でも、普通に生活をする分にはそれほどお金は使わ

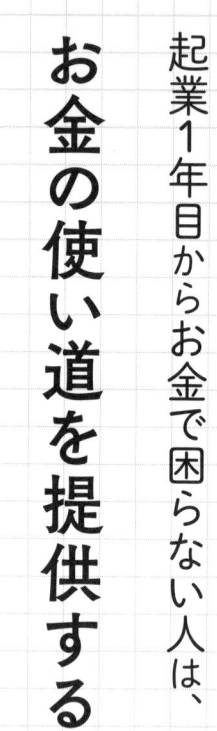

ないと思います。**お金持ちだからといって、1万円のたわしを使う必要はありません。**

お金持ちがお金を使わないからといって、彼らがケチなのではありません。お金を使う場所があまりないだけのことです。

そういう人たちは本当はお金を有意義に使いたいと思っています。

例えば、2011年に日本で大震災が起こったときには、世界中のお金持ちが寄付をしてくれました。100億円という額を寄付された人もいます。

意味があると思ったものには人はお金を使うものです。

高級リゾートは人気ですし、高級な列車の旅も満席です。

小さな会社でも、そのような人たちのためにサービスを開発することができます。

実際、富裕層向けの占い、富裕層向けの歯科医院など、対象を変えただけでビジネスの規模がガラッと変わったという方も少なくありません。

そんな富裕層に知り合いがいないという方も多いと思いますが、1人お客様になってもらえれば、あとは口コミで増えていくそうです。

富裕層やお金持ちとまではいかなくても、なるべくお金を持っている人を相手にビジネスを始めるというのは1つのセオリーです。

お勤めの方よりも、経営者のほうがビジネスになりやすいですし、年収の高い職種の人のほうがお金を出してもらいやすいです。

しかし、サービスを提供したい対象の人たちがお金をあまり持っていないというケースもよくあります。

学生を支援したいとか、子育て支援をしたいなどです。

「できれば安くサービスを提供してあげたい」と考えるわけです。

私も、起業当初から学生向けに何か学びを提供したいと思っていました。

それで学生向けに低価格のセミナーを開催したりしていましたが、集客も大変だしまったく儲かりません。

そこで、ある時期から、経営者や起業家にビジネスの対象者を絞りました。

その事業でしっかりと利益を上げた上で、改めて、そのお金を使って学生にセミナーを提供するようにしました。

それは社会貢献として、まったくの持ち出しです。運営は友人がやっているNPOに委託しました。

このように、**お金の払いやすい人からしっかりもらい、そのお金を使って本当にやりたいことを実現することもできる**わけです。


お金をあまり持っていない人を対象にしたビジネスはレベルが高いです。なかなか儲からないため、小さな会社がそれを続けるのは大変です。薄利多売ができるのは大企業ぐらいです。

ですので、**「経営者を相手にするスキルがないから学生を相手にしよう」などという考えは、簡単なほうを選んだように見えて実際は難しいわけです。**買ってもらう努力も相当必要ですし、採算を合わせるのも苦労します。ハードルを自分で上げているわけです。

それがわかった上で取り組むのであれば良いと思いますが、安易にやるのはお勧めしません。

社会的意義のある活動であれば、誰かがやる必要があるでしょう。でも、そのときは難しいとわかった上で取り組んでください。

もし、ビジネスにまだ慣れていない場合は、まずは、お金を持っている人向けの事業から始めるというプロセスも検討してみてください。

焦らずに、長期計画を持って、あなたのやりたいことを実現していただければ良いのではないでしょうか。

起業家がお金の流れを生み出すことで、世界中に幸せが循環する。

第4章

お金をかけずに売る

セールスとは、必要のない人に無理やり買わせることではありません。
あなたの商品を必要としている人、あなたから買いたい人が必ずいます。
その人のために、あなたの存在を知らせなければなりません。
そして、背中を押してあげなければなりません。
本当に好きな仕事をして、好きな商品を扱っていれば、
意識せずとも自然にその商品を勧めているはずです。
セールスが苦手という人は、本章は特にじっくりお読みください。

起業1年目からお金で困らない人は、
人を救うために宣伝する

「ヒザが痛くて歩けません。孫と一緒に遊べたらどんなに幸せか……」

と言う人がいたら、何とかしてあげたいと思うのではないでしょうか。

もし、私にそういう治療ができたとしたら、やってあげると思います。**お金のためではなく、純粋に役に立ちたいという気持ちが湧いてきます。**


お客様がいつも自分から悩みを言ってくれればいいのですが、普通はそんなことはありません。


わざわざ口に出さないし、そもそも悩みが言葉にできていない、という人も多いです。

ヒザの痛みはわかりやすいほうです。それに、あきらめている人も少なくありません。

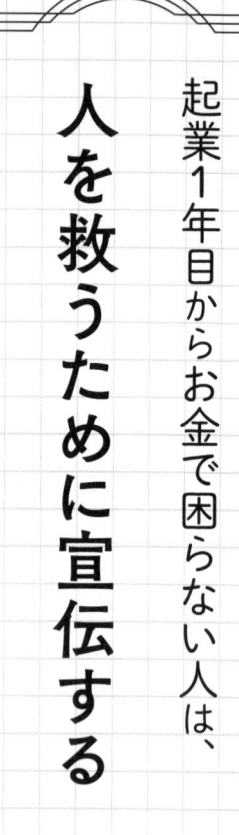

郵便はがき

料金受取人払郵便

麹町局承認

3480

差出有効期間
平成30年11月
30日まで

102-8790

226

東京都千代田区麹町4-1-4
西脇ビル

㈱かんき出版
読者カード係行

フリガナ ご氏名	性別　男・女 年齢　　歳
フリガナ ご住所　〒 TEL　（　　）	
メールアドレス □かんき出版のメールマガジンをうけとる	
ご職業 1. 会社員（管理職・営業職・技術職・事務職・その他）　2. 公務員 3. 教育・研究者　4. 医療・福祉　5. 経営者　6. サービス業　7. 自営業 8. 主婦　9. 自由業　10. 学生（小・中・高・大・その他）　11. その他	

★ご記入いただいた情報は、企画の参考、商品情報の案内の目的にのみ使用するもので、他の目的で使用することはありません。

★いただいたご感想は、弊社販促物に匿名で使用させていただくことがあります。　□**許可しない**

ご購読ありがとうございました。今後の出版企画の参考にさせていただきますので、ぜひご意見をお聞かせください。なお、ご返信いただいた方の中から、抽選で毎月５名様に図書カード（1000円分）を差し上げます。

サイトでも受付中です！　https://kanki-pub.co.jp/pages/kansou

書籍名

①本書を何でお知りになりましたか。

- 書店で見て　• 知人のすすめ　• 新聞広告（日経・読売・朝日・毎日・その他 ）
- 雑誌記事・広告（掲載誌 ）
- その他（ ）

②本書をお買い上げになった動機や、ご感想をお教え下さい。

③本書の著者で、他に読みたいテーマがありましたら、お教え下さい。

④最近読んでよかった本、定期購読している雑誌があれば、教えて下さい。

（ ）

ご協力ありがとうございました。

なので、売り手は自分から、「こんな悩みが解決する」「こんな良い方法がある」「ここに解決策がある」と伝えてあげなければならないわけです。

「ヒザ痛で歩けない方はいませんか？　お孫さんと遊べるようになりますよ」と。

それを聞いてはじめてお客様は、

「あ、自分のことだ」「そうそう、ヒザが痛いんだ」「あきらめてたけどやってみよう」と行動し始めます。

つまり、**ビジネスでは解決策を提供するだけではなく、解決策があるということを発信するところから仕事なのです。**

お客様が自分で探さないと、あなたの商品にたどり着かないということは、知らせる努力をしていないということです。「自分でここまでたどり着いたら売ってやる」という態度なわけです。

あなたも役所に行って、どの窓口に行ったらいいかわからなかったら困ると思います。得する制度があれば、目立つように表示してほしいのではないでしょうか。

チラシを配布していない、看板を出していない、人の集まるところに出かけていない、WEBサイトを作っていない、SNSで発信していない、広告を出していない、ということで、あなたのお客様も困ったままかもしれません。

マーケティングや営業をしないということは、困っている人を放っておいているということです。

「聞いてきたら教える」「来たら売る」というのは楽かもしれませんが、もうちょっとお客様に寄り添ってあげれば良いですからね。

そして、お客様が自分で困っていることを言葉にできないことは多いので、「こうではありませんか?」と代わりに言葉にしてあげることはとても大切な仕事です。

そのために、いろんな人から悩みを根気よく聞いて言語化する努力も必要です。

「そうそう！　それが言いたかった」と言われるのが優れた起業家です。

あなたが提供できる価値を、きっと誰かが必死に探し求めています。

長年、苦しんでいるかもしれません。

その人のために「ここに解決策があるよ」と教えてあげましょう。

たまには、必要のない人に声をかけてしまうこともあるかもしれません。関係のない人に情報を届けてしまうかもしれません。そういう人からクレームをもらうこともあるでしょう。

でも、**困っている人たちに到達するためには、それも必要なプロセスです。**百発百中で必要としている人と出会えるわけではありません。

でも最後に、「これで助かりました。ありがとうございます」と言ってもらえたときには、その苦労も吹き飛びます。

マーケティングとは、多くの人に勇気と希望を持ってもらうこと。

起業1年目からお金で困らない人は、
売上のために行動しない

売上が少ない理由は、多くの場合ちゃんとセールスしていないからです。

たくさんの方のご相談に乗りましたが、「セールスが苦手」「営業は嫌い」という理由で、ちゃんとセールスすることから逃げている人が多くいらっしゃいます。

ちょっと難しいと思う人もいるかもしれませんが、**セールスとは「幸せのおすそ分け」と考えると、だいたいうまくいきます。**

例えば、友達に聞かれたときに、「この映画は良かったよ」「あのコーヒーは最高」「あの先生は手術がうまい」などと他人の商品なら、ほとんどの人が躊躇なく勧められると思います。

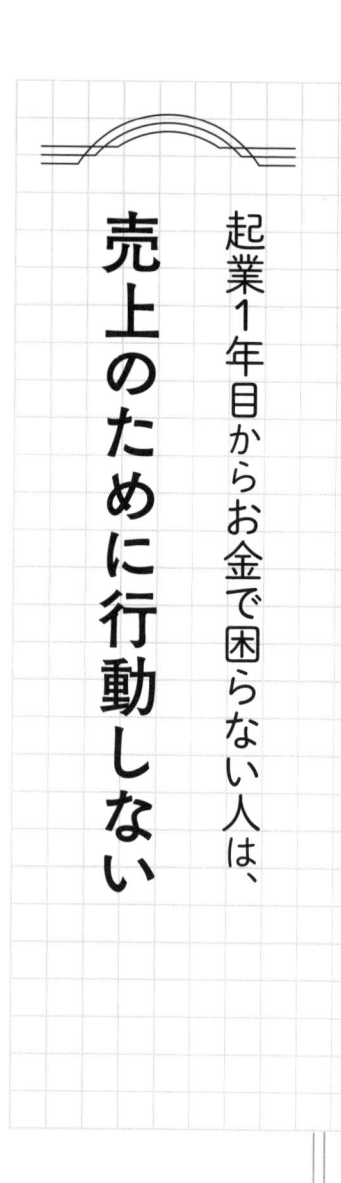

こういうときは、自分が体験して良かったことを他人にも心から伝えたい、という感覚ではないでしょうか。まさに幸せのおすそ分けです。

他人の商品なら気軽に勧められるのに、自分のものになるとたんにセールスできないというときは、**自分の売上のために売ろうとしてしまっているから**かもしれません。「お金がない。売上を上げなければ……」「今月の目標売上までまだ到達していない」と焦っているときです。

いわゆる「欠乏感」です。

足りないからお客をカモにしてお金を奪い取る、という感覚では、自分が嫌になり、罪悪感を感じます。

そして、どこかでブレーキを踏みながら営業をするので、苦しいし売上も伸び悩むわけです。

売れている人は逆です。満たされています。

金銭的に満たされているというより、心が満たされているのです。

自分が満たされていたら奪う必要がありませんし、無理に売ろうとは思いません。セールスするのは、「幸せのおすそ分け」のためです。

自分がこの商品に助けられた、癒された、本当に良かった。それをおすそ分けする感覚です。

本当にこの人にはこれが必要だろう。この人はこんなに幸せになれるに違いない、と思って勧めるわけです。

そうすると、営業にも余裕が出ますし、説得力も増します。私心なく勧めることができるからです。

こう言っても、「お金がなければ満たされない」と言う方もいらっしゃいます。

しかし、お金がなくても心を満たすことはできます。

「今、自分がどれだけ幸せか？」ということを意識してみるだけで、少し幸せになれます。

食事が食べられること、屋根があること、生きていられること、これらは「当然のこと」と思うこともできますし、「ありがたいことだ」と思うこともできます。

「ありがたいなあ」と思えば、少々お金がなくても、あたたかい気持ちでいられます。その満たされた感覚でいれば、他人に優しくでき、最終的には金銭的にも満たされていきます。

子供の頃にお医者さんに助けられて、自分も医者を目指す人もいるでしょう。海外旅行で世の中に対する見方を変えてもらったので、旅行に関係するビジネスをやりたいという方もいます。

私は今は人を育てる仕事をしていますが、それは自分が学ぶことで人生が変わったという体験をしたからです。

「あのときにセミナーを受講させてもらって人生が変わった。本当にありがたい」「これを知らなかったらもったいない」「知るだけでこんなに人生が変わるのだから、多くの人に広げたい」「全員ではなくとも、きっと私のように人生が変わる人もいるに違いない」という気持ちでやっています。

ですので、自分の学んだことを独り占めせず、必要とする多くの人に届けるのが仕事だと思っています。

もちろん、100％そういう気持ちになれなくても大丈夫です。少しずつでかまいません。

私も、すぐにこの気持ちを忘れて、よく売上のことが頭をよぎってしまいます。

そういうときは、本当に売れません。

でも、焦った気持ちになったときには、自分がどれだけ他人にしていただいたかを思い出すようにしています。

「自分は満たされている」と思うと、お金も満たされる。

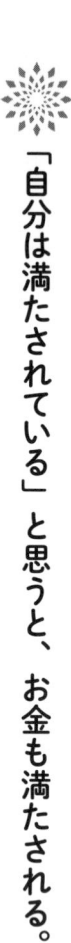

起業1年目からお金で困らない人は、早く「買わない」と言ってもらう

セールスという仕事は、「買う気のある人」にしっかり対応することです。

では、100人いたら、いったい買う気のある人は何人ぐらいいるでしょうか？

イメージとしては、1人いるかいないか、というレベルです。

ですので、**いち早くその1人に到達するために、残りの99人には、早く「買わない」と言ってもらう必要があります。**

買う気がない人には、お互いに時間を使わないほうが得策なわけです。

以前、マンションの展示会に行きました。

一通り見学が終わったら、商談コーナーの席を勧められて座りました。若い営業マン

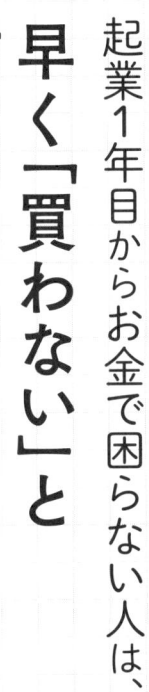

がいろいろと話をしてくれます。私も興味があったので、いろいろと間取りについて聞きました。たぶん30分ぐらいはかかっていると思います。

すると、上司であろう女性がその男性に耳打ちして、席を交代しました。

マネジャーさんは開口一番言いました。

「今井様はご自身でビジネスをされているということですが、銀行のローンは組めるのでしょうか？　もしくは貯蓄がおありですか？」

私が、「ローンは組めないと思います。貯蓄では足りません」と言ったら、マネジャーさんは、パタンと書類を閉じて、丁寧に話を終わらせました。

3分もかかっていないと思います。

さて、若い営業マンとマネジャーさんとどちらが正しい対応でしょうか？

私はマネジャーさんだと思いました。「さすがだな」と尊敬しました。

そもそもローンが組めないお客に対して、時間を使うのはお互いに不毛です。その点を単刀直入に確認して、話を切り上げたこのマネジャーさんは、営業の本質をよく理解されているベテランなのだなと思いました。

逆に、売れない人は、断られるのが怖くて、ずっと話していることが多いです。それは「自分のスキル不足で断られた」と受け止めてしまい、傷つくのがイヤだからではないでしょうか。

しかし、そもそも買わない人にいくら時間を使っても、買わないものは買いません。**もともと買わないのですから、その営業マンの責任ではありません。**

どちらかというと、営業マンの責任は、「いち早く買う人を探すこと」です。

買わない人に対応している間に、「買おうかな、どうしようかな」と迷っている人が、住宅展示場から帰ってしまったら大きな損失です。

ですので、売れている営業マンは、「買うのか？　買わないのか？」という確認を早めにするわけです。

そして買わない人はまたの機会にして、買う気のある人への対応に時間を使います。

お客様の立場になると自分から先に「買わない」と言葉にする人は多くはいません。

「素敵ですね」「魅力的ですね」「欲しいです」「こんなの家にあったら最高ですね」という反応をすることが多いと思います。

営業経験が浅いと、こういう反応をするお客様は買う気があるように思ってしまいます。

しかし、**「欲しい」と「買う」の間には大きなギャップがあります。**

ですので、しっかりと「買いますか？」と確認する必要があるわけです。

そう聞かれたら答えざるを得ないので、「今はちょっと……」とようやく答えてくれます。

もし、お客様が購入を検討されていて迷っていたら、そこからはセールスの次の段階の仕事です。

ここまで来るとお客様は、感情では買いたいと思っています。そして、その感情を後押ししてくれる理屈が欲しいわけです。また、後で後悔したくないので、しっかりと情報を得たいと思っています。

ですので、ここからの仕事は、安心して買える情報を提供すること、そして背中を押してあげることになります。**お客様が一歩を踏み出す手助けです。**

もちろん今は買わないという人も、タイミングが来たら買ってくれるかもしれません。そういう人たちは連絡先を聞いておいて、ダイレクトメールやメールマガジンなどでつながっておきます。そして、継続的に情報を提供して、買うタイミングになったらしっかりと対応すればいいわけです。

あなたに背中を押してほしいと思っている人がいる。

起業1年目からお金で困らない人は、他人をお金だけで動かそうとしない

他人に商品を売ってもらう、というのはビジネスを拡大するときのセオリーです。

しかし、「自分が楽をしたいから」という動機であれば、よっぽどの大金を払わない限り、売ることを手伝ってもらえません。

自分で売るのが嫌な商品は、他人も売ってくれないわけです。

大きな売上を上げている会社は、多くの代理店を持って広く商品を販売していたり、いろんな店舗で商品を取り扱ってもらったりしています。フランチャイズにして、日本中に広げている会社もあります。

そんなふうに「自分の商品を誰か他の人が売ってくれたら楽なのになぁ」と、誰しも一度は思うのではないでしょうか。

でも、そういう会社をマネして、「手数料を払うから売ってくれませんか」と言っても、相手にされないことがほとんどだと思います。

「1割払います」と言ってもほとんど相手にされないでしょうし、「半分払います」「90%あげます」と言っても、動いてもらえないことも多いです。

これは、売ってくださる方へのリスペクトが足りないからかもしれません。

売る力のある人には、いろんな人からお願いがあります。それこそ毎日のように依頼が来ます。よくわからない商品を吟味して取り扱うほどの余裕がありません。

売れることがわかっている人気商品がすでにたくさんあるなら、実績がないものを取り扱う理由がないわけです。

また、売るというのは、けっこうなパワーがいります。精神力が必要です。

それに、その人のポリシーにも関わりますので、いくらお金を積まれても売りたくないものは売ってくれません。

商品に対する開発者の想いなどが伝わって、ようやく「売ってあげようかな」「紹介してあげようかな」という気持ちになるものです。

人はお金で動くもの、かもしれませんが、お金だけで動くものでもありません。

「半分払うんだから、あなたが得でしょ?」というような態度でいると、売ってくださる方は軽く扱われていると感じ、離れてしまいます。

ですので、自分の商品は最初は自分で売らなければなりません。その努力は必ず必要になります。

広く売れるようになるまでに、お客様のニーズを拾って、商品を改良して、売れるコンセプトを作って、セールストークに練り上げて、ということをやりとげるためには、相応の情熱が必要なのです。

その商品に対して、本人より情熱がある人はいません。他の人がそこまでやる義理も理由もありません。

商品のクオリティが高まり、実績がたくさんでき、そのまま使えるチラシなどができあがり、売れるセールストークも準備できて、誰でも売れるパッケージになった段階で、ようやく、「扱っても良い」と言う人が出てくるものです。

商品への情熱が細部に宿り、「この人は本気でこれを広げたいのだな」ということが他人に伝わります。見る人が見ればわかります。

本質的には、お金ではなく、商品に対する情熱が他人を動かすわけです。

お金ももちろん必要ですが、**情熱がこもったお金でなければ、人は動きません。**

あなたの想いが強ければ、それほどお金を払わなくても協力してくれる人が集まって来ます。

そういう商品であれば、「これを扱うことで自分も世の中に貢献できる」と、多くの人が喜んでくれるはずです。

人を動かすのはお金ではなく情熱。

起業1年目からお金で困らない人は、配分が1対9でも喜ぶ

もし、他の人があなたの商品を取り扱ってくれたり、仕事を紹介してもらえたりするチャンスがあれば、そのときの紹介料をケチるのはお勧めしません。

販売代行などをしている人は、それが本業ですので、なるべく高い報酬の商品を取り扱ってくれます。

例えば、相手の取り分が9割であなたが1割だからといって、「そんなのやってられない」と断るのはもったいないことです。

なぜなら、**もし相手が紹介してくれなければ、あなたの得られるお金は、そもそもゼロだからです。**あなたは得をしているのです。

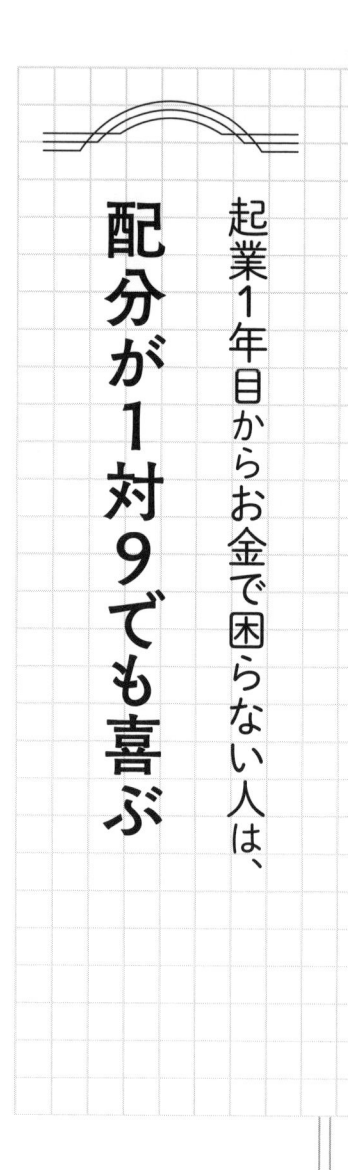

しかし、多くの人は損をしている気がしてしまいます。なぜか、相手に得をさせるのは悔しいという心理が働きます。それで、自分の利益も失ってしまうのです。

誰でもお金に関わることには感情的になりがちです。

しかし、こういうときに合理的な判断をするように心がける人が成功します。

さすがに9割は無理な場合もありますが、できる限り多くの紹介料を、感謝の気持ちでお支払いするほうが長期的には得策です。

例えば、本の印税は高くても10%です。

私は書くのが遅いので何か月もかかって書くわけですが、自分の取り分は1割ぐらいしかないわけです。

しかし、どこかの本屋さんで、まったく私を知らない人が私の本に出会ってくれて読んでくださいます。そこで私のことを知ってくださり、中には気に入ってくれて仕事をすることになったりもします。

この奇跡のような出会いはプライスレスです。

ほんの小さな出会いが、数年後に大きなビジネスにつながることは少なくありません。

出会いの価値は無限大です。


ビジネスで一番大変なのは、最初の見込み客との出会いです。

本来は自分の足で探してきたり、広告料をたくさん払ったりして、ようやく出会える人です。

その労力を考えれば、利益の中から紹介料を払うことは、まったく問題ありません。

最初は赤字になっても良いとさえ判断している経営者も少なくありません。


関係ができて満足してもらったら、何割かのお客様はリピートしてくださいます。

リピーターになるとそれ以降は集客コストはゼロです。ですので、**1回の取引では利益が出なくても、長期的にはトータルで黒字になるわけです。**

ですので、最初は少し多めに紹介料を支払って、たくさんのお客様を紹介してもらい、後で大きなリターンを得るほうがいいわけです。

「どんな小さな取引でも損はしたくない」という態度だと、ビジネスが小さくこぢんまりしてしまいます。

これまでを振り返ってみると、たくさんの人の紹介でビジネスが成り立っていることに気づかされます。

あの人と今仕事をしているのはあの人の紹介。その人はまた別の人の紹介。たどっていくと、**10年以上前のあの出会いがあるからこそ今がある、**という感じになってきます。

ですので、これから出会う小さな出会いも、10年後、20年後にどうなっているかは本当に予想がつきません。

どんな小さな出会いでも大切にしたいものですね。

出会いをくれた人への感謝を忘れない。その気持ちがビジネスを拡大させる。

起業1年目からお金で困らない人は、

広告は最後に使う

広告の機能は、シンプルには、「たくさんの人に見てもらうこと」です。

自力でやると100人にしか見てもらえないけれど、お金を出せば1万人、10万人に見てもらえるということです。

ただそれだけの機能であって、**売れないものを売れるようにするものではありません。**

しかし、現実には、「広告を出しさえすれば売れるもの」だと思っている方も少なくありません。

「どこに広告を出せば売れるか？」「ぜひ、メルマガに広告を出させてほしい」など、たくさん相談をいただきます。

そこで、その方の商品やチラシ、WEBサイトなどを見せてもらうと、広告を出しても反応がないのでは？　という段階のものも少なくありません。

売れるかどうかわからないものに多額のお金をかけるのはギャンブルです。

実際には広告はギャンブルではなく科学です。

数字でちゃんと管理できるものです。

お金をかけて広告を使う適切なタイミングは、**その広告を見たうちの何%の人が確実に買ってくれる、という数字が見えたとき**です。

売れるとわかってから使うわけです。

10万円の広告費で100万円の売上が上がるとしたら、経営者はどんどんその広告を出すと思います。

100万円が1000万円に、1000万円が1億円になるわけですからね。

しかし、その数字が見えるまではテストの連続です。
お金をかけずに小さく試行錯誤してみてください。

そう言うと、デザインを何パターンも試すとか、文章を何通りも試すなどということを思いつくかもしれません。

それも必要ですが、そこは本質ではありません。

本当に試行錯誤すべきなのは「提案内容」です。

いくらデザインを変えても文章を変えても、提案内容が魅力的でなければ申し込んではもらえません。

逆に手書きをコピーしただけのチラシであっても、「それは断るほうがおかしい」というぐらい魅力的な提案内容であれば、申し込みは殺到します。

特に、はじめてのお客様の場合は不安が大きいですので、その不安を払拭するだけの強い提案をする必要があります。

ですので、無料体験、無料プレゼントなど、最初は無料でサービスを試せるようにしている企業が多いわけです。

また、無料にできなくても、激安にする場合もあります。スーパーの特売や航空会社の激安チケットなどもそれに当たります。

ものすごい数のプレゼントをつけることで、お得感を演出する場合もあります。テレビショッピングでお鍋を買ったら、他にキッチン用品が5つも6つもついてくるようなものがありますが、まさにそれです。

魅力的な提案内容を見つけるまでは、何度もお客様とやり取りしてニーズをつかんでいく必要があります。

最初から広告に頼るというのは、お金を使って近道しようということなのですが、実際はこのプロセスを避けることはできません。

「大金をつぎ込みさえすれば成功する」と思ってしまったときは、自分は一足飛びに成功したいと焦っていないか？　と、振り返っても良いと思います。

気持ちが焦っているときは無茶をして失敗しがちですからね。

最初は着実に売れる提案内容を作ることに専念しましょう。
お金をあまりかけずに小さくテストを繰り返しましょう。
どうせ最後は広告を使えば大きく稼げるわけですから、焦る必要はありません。

最後には大きく稼げる。それまで改善を繰り返せば良い。

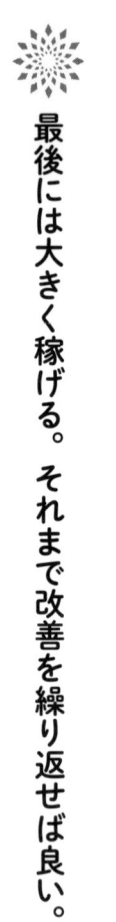

起業1年目からお金で困らない人は、

価値で人の心を動かす

ここでは、ちょっと上級者向けの話をします。

まだこれからという方も、ぜひ、目指していただければと思います。

ビジネスで目指すべきなのは「お客様が口コミしてくれるレベル」です。

この基準を持っていれば、どの程度の価値を提供するべきなのか、答えが出るのではないでしょうか。

本書で何度か出てきますが、最初は自分で売るのが鉄則です。

そして、もう1つの鉄則もあります。

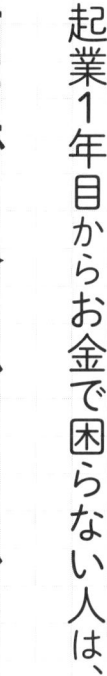

それが、**最終的にお客様に口コミしてもらえるレベルを目指す**、ということです。

自分で一生懸命売っていたら、頼んでもいないのにお客様が口コミしてくれた、というのが一番の理想です。

ビジネスでお金がかかるのはお客様を探すところです。いわゆる集客です。

まったく知らない人に認知してもらい、理解してもらい、気に入ってもらい、最終的に購入してもらうまでには、本当に時間も労力もかかります。

この部分をお客様の口コミで賄うことができれば、ビジネスは劇的に楽になります。必要となるコストをかなり減らすことができます。

ですので、「最後は口コミだ」と思っておくと良いと思います。

サービスを提供するときは、漫然とではなく、「必ず口コミしたくなる」というレベルをゴールに設定して取り組むわけです。

期待を大きく超えていたとき、お客様は口コミせずにはいられません。

そのためにも、日々、商品のクオリティを高めるわけです。

何をするにしても、

「そのレベルで口コミしてくれるか？」

「このサービス対応で口コミしてくれるか？」

「この満足度で口コミしてくれるか？」

と問い続ければ良いと思います。

そうすれば、どのレベルの価値を設定すればいいかが見えてきます。


最初は難しいかもしれませんし、そこまですぐには到達しません。でも、少しずつでもそのレベルを高めていくことは可能です。

今すぐできなくても良いので、最後にはそうなるぞ、という理想を持って1つずつ価値を高めていけばOKです。


もちろん、そこそこのレベルのサービスでもビジネスは成り立ちます。

「口コミが起こらないし、たまにクレームが来るけど、広告を使えば一応お客様も来てくれるから良いか」と妥協することもできます。

しかし、これだと、ずっと新規顧客を探し続けなければなりませんし、そのコストも毎年毎年かかり続けます。

でも、どうせやるなら最高のクオリティを目指すのが良いのではないでしょうか。


逆に言えば、口コミが起こっていないなら、

「価値を提供できていないのでは？」

と疑うのが大事だと思います。


ビジネスは、やればやるほど楽になるのが普通だと私は思っています。

ずっとビジネスを続けて、毎年、同じ労力がかかっているようであれば、そのときは、一度ビジネスを振り返ってみるタイミングかもしれません。

最高レベルの価値を目指し、一歩ずつ進んでゆく。

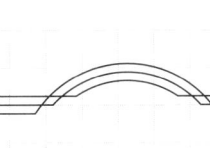

起業1年目からお金で困らない人は、払ってもらいやすい商品を持つ

「どうせなら、あなたから買うよ」

と言われるとビジネスは成功したも同然です。

こう言われた場合、極論を言えばあなたが売っている商品はなんでもかまいません。

宝石でも石鹸でもコンサルでも広告でも良いわけです。

居酒屋をやっていれば、

「どうせだったらあの人のお店で懇親会をやろう」

となりますし、デザイナーだったら、

「どうせだったらあの人にパンフレットを作ってもらう」

となります。

その他、保険屋さん、広告代理店、ＷＥＢ制作、などなどもそうです。

誰かに良くしてもらった人は、感謝の気持ちでお返ししたいと思っています。

しかし、**「周りにとても感謝されているのにお金にならない」**という方も少なくありません。

いろいろ世話を焼いて、人を紹介して、イベントの裏方を手伝って、飲み会があれば盛り上げて、喜ばれるけれどまったくお金にはならないという感じです。

喜んでもらっているけれど買ってもらえる商品がない、もしくは、「いったい何を商品にすればいいかわからない」という方は多いのです。

繰り返しになりますが、喜んでもらっていれば、実は商品はあまり関係ありません。

あなたが相手に提供して喜ばれている価値と、あなたがお金をもらう商品が完全に一致していなくても良いということです。

売れる商品ができない原因は、もしかしたら自分がやりたいことをそのまま商品にしようとしているからかもしれません。

例えば、人脈が広くてよく人を紹介するからといって、「紹介サービス」でお金をもらうのは抵抗がある人も多いです。

また、友達に相談されることが多いからといって、それを「カウンセリング」という商品にしてお金を取るというのも、しっくりこない人が多いのではないでしょうか。

ですので、**提供している価値そのものを商品化するのが難しい場合は、別の商品でお金をいただければいいということです。**

目に見えないものを提供している人は、目に見える商品を持ったほうが、買う人にとっては払いやすい場合が多いです。

話がとても面白い人の全員が、お笑い芸人を目指す必要はありません。

話が面白い居酒屋の店長、話が面白いエステティシャン、話が面白いパーソナルトレーナーなどでもいいわけです。

人脈が広いなら、人が紹介できる保険屋さんは重宝されますし、人が紹介できる掃除屋さんには、毎年エアコンのクリーニングを頼もうかという話になったりします。

自分の得意なことで起業しようと考えると、「こんなことがビジネスになるのか？」と悩むケースもあると思いますが、あなたが喜ばれていることと、お金をもらう商品を切り離して見てみると、案外うまくいくことも多いです。

もし、自社商品がなければ、他社商品の販売手数料をもらうなど、他人からの感謝をお金として受け取る方法はいろいろ考えられます。

あなたが周りに与えている価値は、もしかしたらお金には代えられないほどのものなのかもしれません。

きっと多くの人があなたに感謝したいと思っているはずです。

その感謝を受け取ってあげるために、払いやすい商品を用意してあげてください。

あなたに恩返ししたい人がいる。
その人たちの気持ちを受け取るしくみを持とう。

第5章

チームとお金

スピードを上げてビジネスを大きくするためにはチーム作りは欠かせません。
そのためにはお金の問題は避けて通れません。
お金で人間関係は良くも悪くもなります。
しかし、心配いりません。
大事なことを理解していればトラブルは起こりません。
ぜひ、良いチームを作ってあなたの夢を加速させてください。

起業1年目からお金で困らない人は、取り分が減ってもスピードを重視する

自分でしっかり売上が上げられるようになったら、チームを組んでプロジェクトを立ち上げるのも良いと思います。

自立した起業家どうしでチームを組むわけです。

しかし、ここで躊躇する人も少なくありません。

なぜかというと、

「1人でやったほうが儲かるよな……」

という気持ちが湧いてくるからです。

当然ながら、2人でチームを組むと利益は半分になります。目先のお金を考えるとあ

まり良くは思えません。

ですので、「やることはわかっているし、自分だけでやろう」と思うわけなのですが、現実的にはなかなか進まない人のほうが多いです。

実際には、チームを組んだほうがトータルでは利益が出ます。

なぜなら、プロジェクトのスピードが上がるからです。

1人だとダラダラしたり、ちょっとしたことで考え込んで止まっていたりします。しかし、チームだと相手がいるので止まっていられません。迷ったときにすぐ話し合えますし、苦手なことは任せられますので、どんどん進みます。

1人だとプロジェクトを1つしか回せなかったものが、2つできればトータルでは利益は同じです。実際は、3つ、4つとプロジェクトが回るようになり、結果的に利益が増えるわけです。

目先の利益への執着を手放せたとき、次のステージに加速できます。

しかも、

・世の中に対する価値貢献は2倍
・得られる経験や達成感も2倍
・仲間と仕事をする楽しさは10倍
など、お金以外で得られるものが格段に増えます。


そして良いチームで仕事ができると、ストレスは半分以下です。

やりたいことが今までの2倍、3倍のスピードで形になるという爽快感も感じられます。

経験が2倍になるということは、成長もそれだけ加速するということです。

1人でやるよりチームでいくつかのプロジェクトを回したほうが、数年後に自分が出せる結果や提供できる貢献度合いに大きな差が出てきます。


ですので、「独り占めしたい」とか「1人でやったらこの利益は全部自分のもの」という考えがよぎったときは、ぜひ、総合的に判断していただければと思います。

本当に1人で同じようなパフォーマンスが出せるでしょうか？ 同じようなスピードで利益を生み出せるでしょうか？

利益だけで考えず、経験や成長という長い目でも見ることがお勧めです。
それに、自分のことばかり考えていると、人がどんどん離れていきます。
「ああ、この人は独り占めしたいんだな」ということは、すぐに相手に伝わりますからね。

逆に、「みんなで一緒に成功しよう」という人には、どんどん人が集まってきます。そして、人と一緒にあらゆるものが手に入ります。

小さなお金に執着せず、2倍も3倍も価値を生み出して、もっと大きく稼げばいいと思います。

得ることよりも与えることに目を向けていれば、もっともっと大きなものが得られます。

そして、自分では想像もできない成果が出るものです。
人生は一度きりですので、でっかく生きましょう。

目先の売上より、自分を使い切ることにフォーカスする。

起業1年目からお金で困らない人は、契約書が必要ないメンバーで仕事する

起業家どうしで「なにかを一緒に立ち上げよう！」というときに、「じゃあ、まずは契約書を」という話が出てきたら、ちょっと興ざめではないでしょうか。

これは一言で言うと、まだ信頼関係ができていないわけです。

この状態で仕事を進めると、なにかと時間がかかるし、ちょっとしたトラブルも大きな問題になったりします。

ですので、契約書がなくてもいい人とだけチームを組む、というのが理想です。

仕事は口頭で、「これやりましょう」「あれ、お願いします」と言うだけです。

「魅力的なプロジェクトだし、楽しそうだから一緒にやろうよ！」というのが起業

家的な原動力のはずですので。

起業当初や新しいプロジェクトでは、何が起こるかわかりません。想定外のことだらけですし、予定どおりにいくことはほとんどありません。問題だらけです。

いろんな問題をその都度解決しながら、走りながら進めていく必要があります。ですので、ちょっとぐらい失敗して損をしても、それでも面白がってくれるような仲間と組むのがお勧めです。

「今回は失敗したなぁ。また頑張ろう」と笑い合えるような仲間です。

そういう仲であれば、必ずそのうち成功できます。

少しぐらいのことで「約束が違う！」という話をする必要があるとか、何かするときに常に相手を説得しなければならない関係では、起業当時としてはスピードが足りません。

スピードの源泉は信頼関係なのです。

「儲かりそうだから」「たくさん売ってくれそうだから」というだけで、組む相手を選ぶのはあまりお勧めしません。

「どんな契約書を使ったらいいですか?」

と質問されることもありますが、そんな感じなのでほとんど使ったことがありません。

利益の配分など、最低限のことを最初に決めておく程度です。

もちろん、少し大きな会社との取引の場合、契約書が必要なケースもあると思いますが、それでも、ビジネスは人間関係がベースです。

一般的に言っても、普通に仕事をしていて契約や法律の話はほとんど出てこないのではないでしょうか?

出てきたとしたら、その人間関係は末期症状です。

また、注意すべきなのは、「良い人だな」「面白い人だな」と思っても、深く付き合ってみないと、相手のことは本当の意味でわからないということです。

順調なときは、誰でも良い人だからです。

ポイントはうまくいかないことが起こったときです。

そのときに怒りだしたり、威嚇的になったり、ものすごくおじけづいたりと、今までにない一面が出てきたりします。

そういうところは長い付き合いでようやくわかってきます。

お互いに合う合わないは、やってみないとわからないところもあります。小さい仕事から試してみて、信頼関係が深まってきたら少しずつ一緒にやる幅を広げていくのがいいと思います。

人間として他人をジャッジすることは良くないかもしれませんが、チームのメンバーを選別することは大切です。

もちろん、最初から完璧なチームはできませんので、いろんな人間関係を経験すれば良いのではないでしょうか。

まず遊び友達になって、1年後、2年後に一緒に仕事をする、ということも多いです。

だんだんと、一緒に仕事をする人を選ぶ基準も明確になってきます。

私もいろいろ失敗を重ねてきました。

儲かりそうだからとか、この人を助けてあげたい、と思って組んだこともありますが、うまくいかないことが多かったです。

最終的には、「ぜひ、この人と仕事がしたい」という人とだけ仕事をするのが一番だという、至極当然のところに落ち着いています。

プロセスを一緒に楽しめる仲間は最高の宝物。

起業1年目からお金で困らない人は、自分が一番稼ぐ

チームを組むと、どうしても不満が出てしまいます。

「アイツはぜんぜん仕事を取ってこない。自分だけこんなに汗をかいている」とそれぞれが思っていたりします。

自分だけが働いて損している気がするわけです。

不満を感じるのは、「自分が楽をしたい」という理由でチームを組んだときです。

実際、多くの人がやりたがらないのが「集客」です。

ビジネスの中では集客が最も大変です。それを誰かにやってほしい、手伝ってほしいという気持ちは誰にでも湧いてくるものです。

しかし、「他のメンバーが集客してくれるので自分は楽ができる」と思ってチームを組むと、ぜんぜん期待と違うということで、フラストレーションが溜まってきます。

それを全員が思っていると、誰も一生懸命に集客をしてこないし、全員が不満を持つ状態になります。

ですので、チームを組む時点で、メンバーそれぞれの期待値を合わせておかなければなりません。

勝手な期待がチームを崩壊させます。

最初にお金の話をしないから、後でお金のことでもめるわけです。

「儲けたい」「楽をしたい」というようなエゴの部分も出し合って、しっかりと話し合っておきましょう。

特に利益の分け方は、しっかり決めておかなければなりません。

働いた人が報われるように、「集客した人に多く配分される」ような分け方がお勧めです。

そういう話し合いの中で、自分がどれだけ相手に依存しようとしていたのか、気づくことも多いと思います。

お金や集客など、重要なことを他人に依存することほど、心を乱され、不満が溜まることはありません。

最も理想的なのは、その対極の気持ちです。

「チームの中で自分が一番貢献する！」

と決めることです。

他のメンバーに依存せず、自分が最も集客をし、売上を上げることです。

そして、そういう自分のあり方を誇りに思うことです。

そのときに、「チームのために貢献できて嬉しい」と思う自分か、「自分ばかり働いて、他のメンバーは使えない」と思う自分か、どちらの自分になりたいでしょうか？

多くの人は前者の自分が好きなはずです。

ちょっと高いレベルの生き方ですが、不満もなく、むしろいい気分でいられます。

ただ、チームの中で、あまりにも依存してしまうメンバーがいたとしたら、その人にとっては良くありません。その人の成長を考えれば、前向きにチームを解消することは良いと思います。

自分が損をするからではなく、相手のことを思って判断してください。

つまり、**チームを組むのも解散するのも、自分のためではなく相手のためになるかという視点で考えるわけです。**

そうすれば悩むことも減るし、トラブルがあってもお互いのわだかまりは少なくてすみます。

チームを組んで良かったと思うのは、楽しいということもありますが、それぞれの生き方や高い基準に触れられるときです。

「まあ、これぐらいで良いかな」と手を抜こうとしたときに、「でも、あの人だったらもっとやるだろう」と、思い出させてくれることもよくあります。

それに、それぞれに活躍するタイミングがあります。

あるときは助けられ、あるときは助ける側になる。お互い様です。

チームの全員が「自分が一番貢献する！」と決められたら、きっとそのチームはうまくいきます。

チームに貢献しようと全員が思えたときにチームは機能する。

起業1年目からお金で困らない人は、
お金以外のものを蓄積する

1つのプロジェクトを行うと、お金以外にさまざまなものが得られます。

短期的には目先のお金を求めてしまうかもしれませんが、「長期的にお金を生み出すもの」を蓄積しないと、ビジネスはいつまで経っても苦しいままです。ですので、取り分は少なくても、チームを組んでプロジェクトをいくつか経験することがお勧めです。

お金以外に得られる無形の資産にはいくつかあります。

◉知識

お客様のニーズや業界知識、商品やサービスの知識、プロジェクトを回すための知識、実務作業やＩＴなどの知識が得られます。

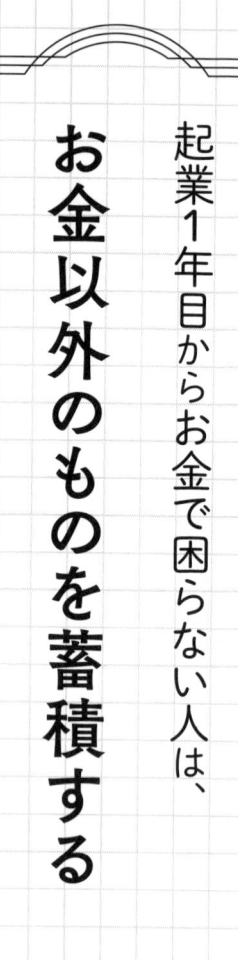

◉スキル

接客、営業トーク、商品のコンセプトや企画、売れる文章の書き方、もろもろの作業も速くなります。

◉お客様との人間関係

これはビジネスの基盤です。この関係からすべてが生まれます。

◉チームメンバーとの人間関係

自分ではできないことも人を巻き込んでできます。できる仕事の幅がどんどん広がるので、こういう人間関係をなるべく増やしていきましょう。

◉実績

こんな仕事ができる、こんなに喜ばれた、こんな効果があった、などという実績や評判は次の仕事を引き寄せます。

◉**自信**

仕事で得られるものの中で大きいのは自分に対する自信です。「これだけできるんだ」という自信がついたら、次からの仕事にも思い切って挑戦できます。

これらの無形の資産は長期的に価値を生み出します。目先のお金に惑わされず、たいして儲からなくても、長い目で見て価値があると思ったことは、やってみるのがお勧めです。

そして、仕事を誘われたときには、**「そのプロジェクトで何を得るか？」というメリハリをつける**のが良いと思います。

- 利益がメインの目的なのか？
- 顧客との関係を広げるためのものなのか？
- 実績を作るためなのか？
- 経験を積むためのものなのか？

ということをあらかじめ決めておくわけです。

目的が明確でないと、利益もあまり出ないし人間関係も実績も経験も中途半端という状況になりかねないからです。

「経験のために、タダでもいいから手伝わせてもらう」ということでも良いと思います。

それぐらいメリハリをつけたほうが気持ち良く働けます。


一緒にプロジェクトをやる一番の価値は、楽しく充実した日々ではないでしょうか。

自分が貢献していることを感じられる日々は、かけがえのない喜びです。

私の周りにも、「立ち上げ時期が一番面白かった」と言う社長さんがたくさんいらっしゃいます。

振り返って「あれは面白かった」と思うようなプロジェクトをたくさんやりましょう。

長い人生においては、その思い出が最大の資産かもしれません。


お金ではなく、お金を生み出す資産を手に入れる。

起業1年目からお金で困らない人は、
お金をつながりに変える

前項の中でも最も大事なのは「人とのつながり」だと思います。

どうせお金を使うなら、他人との関係が広がり、そして深まるようなことに投資するのがやはりお勧めです。


「『お金で人脈を買う』という発想が嫌い」と言う方もいらっしゃるかもしれませんが、もちろん、お金だけで良い人間関係は築けません。

お金はただのきっかけです。

お金でできるのは人と出会うまで。そこから深い関係を作るには、相手を尊重し、誠意あるコミュニケーションが必要です。

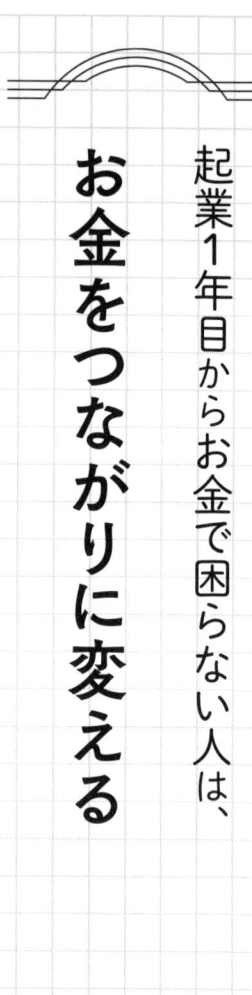

だとしても、そのきっかけをより多く増やすためにお金を使うことは、とても有意義だと思います。

私は経営者や起業家が集まる会にいくつか所属していますし、年に1つぐらいはビジネスの塾に参加しています。

そこで学べることも価値がありますが、それ以上にそこでできる仲間の価値が本当にプライスレスだと感じています。

特に起業当初は、そういう方々に助けられてなんとかやってこられました。

集客がうまくいかないときは告知協力をしてくれたり、ときには私のセミナーに友達を連れて参加してくれたりしました。

さまざまなやり方を教えてくれたり、電話で相談に乗ってくれたりもしました。

不安なときの心の支えになってくれました。

「今井くんならうまくいくよ」

というなにげない言葉に、どれほど救われ、励まされたかわかりません。

助けられたという感謝の気持ちでいっぱいです。

また、そのつながりから仕事につながることも多々あります。
「こういうプロジェクトがあるけど、手伝ってもらえないか?」
という話もたくさんいただきました。
ほとんどはそこそこの売上ですが、いくつかは大きなビジネスになり、収入源の柱になりました。

大きな売上になったビジネスはたまたまとしか言いようがありませんが、人とたくさん会えばたまたまは起こります。

中には、出会ってから10年以上してから一緒に仕事をするという人もいて、人生は何があるかわからないなと、いつも思います。

そして、一番の価値は、他人にインスパイアされることだと思います。
もっと大きなビジョンを掲げている人、もっと自分らしい生き方をしている人、もっと誰かのために一生懸命になっている人、もっととんでもない規模のビジネスを目指している人などに会うと、電撃を受けたような気持ちになります。

「自分ももっと大きく考えよう」「もっとチャレンジしよう」「どんどん貢献しよう」

と、意識が高まります。

そのエネルギーは、自分やビジネスの成長に欠かせません。


私が確信しているのは、人との出会いで人生が変わるということです。


どう変わるかは予想もつきませんが、必ず変わります。

そういう意味で本当に人が財産だと思いますし、出会いは最高の投資だと思います。


どんなふうにお金を人とのつながりに変えるかは、さまざまな方法があると思います。

出会いのありそうな会に参加する、優れた人に指導してもらう、誰かに投資する、お礼やプレゼントを贈る、などなど。

人とのつながりを広げるための、あなたらしい素敵なお金の使い方が、きっと見つかると思います。

きっかけを増やせば、奇跡の出会いは必ず訪れる。

第6章

お金の呪縛から自由になる

なかなかビジネスがうまくいかないのはなぜか？
ビジネスが成功したはずなのに、まだ苦しいのはなぜか？
もしかしたら、お金の負の側面に取りつかれているのかもしれません。
本当の自分の感情に気づいたとき、人はお金の呪縛から解放されます。
そして、本当の自由を手に入れたとき、人生は変わります。
ビジネスをする中で、何か違和感や疑問を感じたときは、
何度もこの章に戻ってきて、あなたの内面を探ってみてください。

起業1年目からお金で困らない人は、お金で何がしたいか明確にしている

十分なお金が手に入ったら、あなたは何がしたいでしょうか?

高級レストランに行きたい、カッコ良い服が欲しい、良い時計が欲しい、旅行に行きたい、広い家に住みたいなど、さまざまなことがあると思いますが、ぜひ、思いつく限り挙げてみてください。

そして次にやっていただきたいことは、それらにいくらお金がかかるのか、計算してみることです。すると面白いことがわかります。

多くの場合、それほどのお金がなくてもできることばかりだと気づくはずです。

「あれっ、これぐらいなら今でもできる」となります。

もちろん「世界平和」みたいなことも挙がるかもしれませんが、今すぐお金で解決で

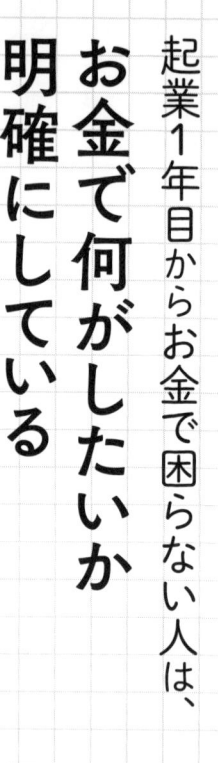

きることのほうが多いでしょう。

成功するために起業して稼ごうという人は多いのですが、実は、自分で使う分にはそこまでお金は必要ないわけです。

多くの人は幻想にあこがれています。「成功したらアレがやりたい」「成功したらコレが欲しい」と言います。

まるで手の届かない、ものすごいことのように思っています。

そして、**なぜか「まだ自分には早い」「自分にはその価値はない」と、それをする許可を自分で出していません。**

しかしわざわざ何年も先延ばしする必要はありません。今やってしまうこともできるのですから。

高級レストランに行きたければ行ってみればいいと思います。1回でもかなり満足すると思いますし、2回行けば感動がなくなる程度のものだったりします。「毎日高級レストランだと飽きるよな」と思えたりします。

旅行だって、思ったより安く行けます。世界一周に行った学生がいましたが、バイト代を貯めて行ける額でした。

ちょっと奮発して、欲しかった高級時計を買ったという人もいます。

そして、やってみると大したことはありません。

時計を買った彼は、「すごい人しか買えないと思っていたけど、そうでもなかった。それに、自分がすでに成功した気分で仕事ができている」と言っていました。

私の場合は、「成功したら高いドリンク剤を飲むぞ!」と、今思えばバカらしいことを考えていました。高くても3千円程度です。実際飲んでみたら普通でした。

「ふ〜ん。こんなもんか」

というのが感想です。

こんな感じで**「お金で済む欲求」はさっさと満たしてしまえばいいと思います。**ただの幻想ですので、「なんだ、これだけのことか」と、あっという間に消えてしまいます。

他人への羨ましさなども減っていきます。

そうやって自分を満たすと、本当にやりたいことにエネルギーが割けるようになってきます。周りに影響されず、軸がぶれなくなっていきます。

逆に、あなたが今やっていることで、**「お金がもっと増えてからもやり続けること」**はなんでしょうか？

例えば、私はランニングをしていますが、いくらお金があっても体が動く限り運動は続けると思います。

友達とワイワイ話しているのも好きで、それも成功してもやると思います。

ですので、運動をしている時間や友達と話している時間は、すでに成功しているのだと思えばいいわけです。

好きな音楽を聴いている時間、好きな本を読んでいる時間、お気に入りのカフェで過ごしている時間、その時間はみんな成功者です。寝ている時間もそうかもしれません。

そう考えると、自分は24時間のうち、かなりの時間はすでに成功しているのかもしれない、ということに気づけます。

1日の中で、「成功したらやっていないこと」を減らし、「成功してもやり続けること」をやる。そこに意識を向ければ、お金への執着や変な期待も減っていきます。

そして、あなたがビジネスを通じて本来やりたいことに全力を注いでください。

あなたはすでに成功している。その瞬間を味わおう。

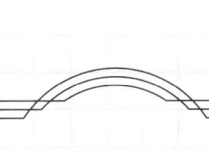

起業1年目からお金で困らない人は、稼いだ人に敬意を払う

稼いでいる人を見ると、たまには嫉妬心が湧いてくることもあると思います。精神状態が悪いときには「あの人は悪いことをしている」とか「ツイていただけ」と毒づきたくなることもあるかもしれません。

誰しもそういう気持ちになるものですが、できればそういう感情は少しずつでも減らしていくのが良いと思います。

やはり、**自分が批判しているものを目指すのは難しいものです。**欲しいけれど手に入らないと思うことだからこそ、毒づいてしまうわけですので。

なるべく、稼いでいる人に対する感情をニュートラルにしていくよう努めることがお勧めです。

そのためにできることの1つは、相手の過去に目を向けることです。

稼いでいる人を批判しているとき、その人の「今」だけを見ている場合が多いです。「お金持ち」という言葉もありますが、これも今その人が持っているものに目を向けた呼び方です。

あなたも外側だけで見られたら嫌なはずです。**成功している人もそうでない人も、お金持ちもそうでない人も、一人の人間として見るようにしましょう。**

その人が何もせずいきなりお金を手に入れたわけではありません。それまでに努力してきたはずです。

営業で何度も断られたかもしれません。広告で失敗してお金をあっという間に失ったこともあるかもしれません。商品の在庫に囲まれて、途方に暮れたこともあるかもしれません。お先真っ暗という時期もあったことでしょう。

でも、その人はあきらめずにやり遂げたのです。そして、多くの人に価値を与えて、その対価として報酬を得ているわけです。

今は当たり前のような顔をしているかもしれませんが、必ずドラマがあったはずです。

そのプロセスと努力に敬意を払えばいいということです。

その人が今持っているものではなく、その人が過去にやってきたことへの敬意です。今は過去の積み重ねでしかできないからです。

そして、その人のビジネスに取り組む姿勢にも敬意を払うのです。困難があっても逃げなかった姿勢にです。

成功している人の多くは、「てっとり早く成功する方法を教えてくれ」とか「お金持ちなんだから分けてくれ」と言われることが多いようです。

そんな中で、自分の苦労したプロセスを認めてくれる人がいたら、本当に嬉しく思うことでしょう。

「どうして逃げなかったのか？」「どうやってそんなに頑張れたのか？」「なぜ、あきらめなかったのか？」

ぜひ聞いてみてください。そんな人はあまりいないので、質問されればとても喜ぶに違いありません。

そして、聞けば聞くほど、成功している人も普通の人なのだということがわかります。あらかじめ成功までの道のりがわかっていたわけではありません。恵まれた環境を与えられたわけではありません。試行錯誤して切り拓いていったのです。

苦手なこともありますしメンタルが強くない人もいます。それでも工夫しながら乗り越えていったのです。

その人の最初の一歩は何だったのでしょうか？
どうやって苦しい時期を乗り越えたのでしょうか？
あなたが今置かれている状況と重ねながら、話を聞いてみると良いかもしれません。

「普通の人がこうやって成功するのか」ということが腑に落ちたときに、成功者やお金持ちに対する嫉妬は消えていくことでしょう。

そして次は、あなたが成功する番がやってきます。あなたも、ちゃんとそのプロセスのスタート地点にいます。

今、お金持ちの人は、今まで努力してきた人。

起業1年目からお金で困らない人は、お金持ちの定義を変える

どうしても「お金持ち」に対して良い感情が持てないという方は、少しずつでもいいので、「お金持ちの定義」を書き換える作業をするのも良いと思います。

思い込みや印象というのは、自分の中で勝手に作るものですので、自分で書き換えることも可能です。

まずやるべきことは、自分が考えるお金持ちを言葉にしてみることです。

例えば、こんなふうに考えているのかもしれません。

- ずるがしこい人
- 守銭奴
- 他人から搾取する人

などなど、悪い印象の言葉です。
もちろん、そういう面もあるかもしれませんが、別の面もあるはずです。
多面的に見ることで、その物事の印象は簡単に変わります。

良いお金持ちの定義は、例えばこういうものです。

- 世の中に価値を与えている人
- 他の人が働く機会を提供している人
- アイデアを形にした人
- 経済を回してくれている人
- 頭を使って価値を生み出している人

・リスクを取って起業した人
・チャンスを掴んだ人
・チャレンジしている人

電気があるのも、自動車があるのも、便利な機械があるのも、楽しく旅行ができるのも、気楽に音楽が聴けるのも、過去に誰かが夢を抱きリスクを取ってチャレンジしてくれたおかげです。

その人たちは、それで莫大な資産を手にしたかもしれませんが、世の中に生み出した価値を考えれば正当な対価と言えるのではないでしょうか。

会社の社長がリスクを取って創業したおかげで、誰かの仕事が生まれます。投資家のおかげで、必要な人のところにお金が回っていきます。それによって新しいビジネスが生まれてきました。
お金を持った人が芸術家やスポーツ選手のパトロンになり、文化が発展してきました。
尊敬できるところはたくさんあります。

そういうふうに良い面を見ていく練習をすれば、だんだんとお金持ちに対する悪い印象も中和されていきます。


私がお会いした方の中で、ご自身が投資で稼ぎながらも、

「投資なんて虚業だ」

という考えを持っている方も少なからずいました。

そういう人たちは、自分の仕事に対してものすごくコンプレックスを持たれていて、とても苦しそうでした。


しかし、投資家だから全員がそうだというわけでもありません。

世界中の人から尊敬されている投資家もいます。

問題なのは職業ではなく、その人がどのように生きるのかということです。


お金持ちも、それ自体に良い悪いはありません。

あなたが、尊敬されるお金持ちになれば良いだけです。

あなたが考える素敵なお金持ちを目指そう。

起業1年目からお金で困らない人は、税金を感謝して支払う

さて、あなたがビジネスで成功し売上が上がったら、税金を払うことになります。

税金の支払いのときには、「こんなに取られるのか！」と愕然とする人もいます。

毎年イライラしていては精神衛生上良くありませんし、税金を払いたくないから売上をセーブしてしまう、ということにもなりかねません。

うまくいっている経営者の方にお会いすると、税金は気持ち良く払われています。

では、税金をどのように考えれば気持ち良く払えるでしょうか？

1つの考え方は、**「税金はお客様を育ててくれたお礼である」**というものです。

もし誰かがあなたにお客様を紹介してくれたら、感謝の気持ちで紹介料を支払うと思

います。税金も同じようなものだと考えるわけです。

まず、かなり根本的なことから考えたいと思います。

利益はお客様から生まれますが、では、お客様はどこから生まれるでしょうか？　どこからともなく急に現れるのでしょうか？

ものすごく突き詰めて考えると、お客様はその人の母親から生まれます。

（あまりにも当たり前すぎて奇妙に感じるかもしれませんが、思考過程ですので、最後まで読んでいただければ幸いです。）

母親がいないと（もちろん父親も）、そもそもお客様は生まれません。

さらには、言葉を勉強してもらわないとチラシも読んでもらえません。

算数を勉強してもらわないとお金のやり取りに困ります。

ちゃんと生活してもらわないといけませんので、道路も必要だし、下水道も、ゴミ回収などもいります。安全のために警察も必要です。

日本の場合は、病気になったら病院で安く医療が受けられます。もしなければ、あなたと出会う前に死んでいたかもしれません。

エネルギーや食糧の多くは輸入されていますが、ベースとなる外交、貿易ルールがあり、そういう交渉などの仕事をしている人がいます。

また、平和を維持してくれている人がいます。

つまり、そのお客様があなたに出会うまでに、小学校の先生や、さまざまな行政の方々にお世話になっているわけです。

もし、そのお客様が買ってくれるまでのことを全部自分がやっていたら大変です。

国語や算数を教えて、就職の世話をして、ようやく「はい、これ買って」と言っていたら、まったくの赤字です。

そこまで代わりにやってくれた結果、あなたの商品を買ってくれたわけですので、心から感謝して、育ててくれた手数料を税金として支払うというわけです。

しかもありがたいことに、法人税は、利益に応じて払えば良いということになっています。

どんなビジネスでも、自分1人で売上を作っているわけではありません。
必ず、誰かが助けてくれています。

その見えない誰かに感謝できたら、税金も気持ち良く払えますし、寄付なども進んでできるのではないでしょうか。

出産、育児をしてくれる母親やその家族を企業としてサポートすることも、社会や経済全体の大きな視野で見れば、当然やっておくべきだと思えます。

それを忘れて、「自分の力だけで成功した」と思っていると、自分でも気づかないうちに態度が傲慢になったりして、人が離れていくこともあります。

税金でも取引先への支払いでも、お金を支払うときは、「ありがとう」という感謝の気持ちを込めてみてください。

気分が良いだけでなく、そういう態度が良いお客様を引き寄せます。

周りに感謝してお金を払う人が周りから支えられる。

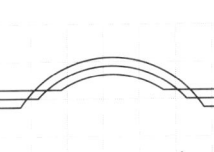

起業1年目からお金で困らない人は、他人の評価から自由になる

お金がたくさんあったらやりたいと思っていることには、「他人の評価」を得ることが目的になっている場合があります。

海外旅行に行く、広い家に住む、都心に住む、それが本当にあなたのやりたいことであればどんどんやれば良いのですが、そうでないことも混ざっているかもしれません。「稼いで認められる！」とか「輝いているように見られたい！」という気持ちが根底にあるということです。

お金を稼ぐこと自体には良い悪いはありません。しかし、それが他人に認められるためであれば、そのうち虚しくなったり苦しくなったりします。

以前、「街の掃除をしたい」と言う人がいました。

話している中で、「もし、掃除をして街が綺麗になったとき、あなたがやったことを誰にも知られないとしたら、それでもやりますか？」と聞いてみました。

彼の答えは、「それはイヤです！」でした。知られないならやらないそうです。

彼の場合は「世の中に良いことをしている人だと他人から評価されたい」ということが動機だったようです。

他にも、他人の評価を動機にしてビジネスをしている場合はよくあります。


見すぼらしいと思われたくない？

稼いでいないとカッコ悪い？

前職の同僚にバカにされたくない？

同業他社に負けていると思われたくない？

都会のオシャレな場所に住んでいると思われたい？

充実したライフスタイルだと思われたい？

親や家族に認められたい？

最初はこういう動機でスタートしても良いのですが、そればかり続けていると、いつまで経っても満たされません。

好きじゃないけど稼げるから、認められるからという理由では、そのうちエネルギーが枯渇します。

他人に認められたいということは、自分で自分を「価値がない人間だ」と思っているわけですからね。

他人に評価されるために働くのではなく、それをやっている自分が好きなのが一番です。

それが原動力であれば、疲れずにその仕事を続けることができますし、成果もいつの間にか出てしまいます。

私の場合は、仕事を通じてクライアントの方々がどんどん成長し、変わっていくのが面白くて楽しくてやめられません。

ついこの間まで、「私にはできません。自信がありません」と言っていた人が、「はじめてのお客様ができました!」「値上げしても大丈夫でした!」「お客様に喜んでもらえました!」と報告してくれると、涙が出るほどうれしいです。

人を育てる仕事をしている方は同じ気持ちだと思いますが、人の成長を見るのは本当にやみつきになります。

もちろん、私はまだまだ他人のことを気にしてしまうのですが、気がついたときには自分の動機を考えなおすようにしています。

まず、確認するのは、**「いったい自分は他人にどう思われたいのだろう?」**ということです。それを自分に問いかけます。

それが明確になれば、次にやることは、自分でそれを認めることです。

例えば、「活躍してカッコ良いと思われたい」と思ったら、「他人のために一生懸命であれば、それで十分カッコ良いよな」と、客観的に自分を認めます。

「世の中に良いことをしていると思われたい」ということであれば、小さな仕事でもいいので、「誰も知らなくても、自分はちゃんと社会に貢献してる」と認めます。

自分で自分を認めていれば、他人に認めてもらおうとそもそも思いません。

人の見ていないところでゴミを拾って良い気分になっている人は、わざわざゴミ拾いをしている自分をアピールしません。

他人から認められるに越したことはありませんが、それは結果であって、あなたが目指す必要はありません。

自分の小さな貢献を認めよう。もっともっと自由に生きよう。

起業1年目からお金で困らない人は、お金の話もビジョンにつながっている

ある経営者が、

「『あなたはお金の話ばっかり！』と言われてしまった」

と、しょぼんとしていました。

でも、私は彼がお金のことばかり言っていると感じたことがありません。立派な経営者ですし、周りの仲間も同じ印象でした。

彼と話していると、いろんな話題が出てきます。事業を始めた経緯、未来の夢、社員さんのこと、最近の業界のトレンド、もちろん売上や利益などのお金の話も出ます。

経営者がお金のことを話すのは普通です。お金は経営資源の1つだからです。お

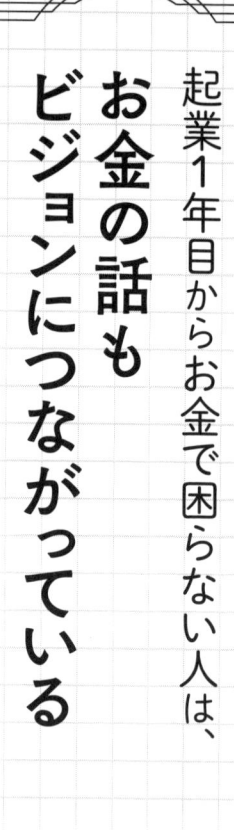

金の話がまったく出てこなければ、逆に質問したくなると思います。

彼はお金のことばかりを話しているのではなく、お金のことも話しているだけです。

経営者がお金のことを話すのは当たり前だと思っていましたが、成功されているアーティストの方もそうなのか、と思う出来事がありました。

以前、日本で有名なロックバンドのコンサートに行ったときのことです。

誰もが知るアーティストで、数万人のスタジアムが満席でした。

ボーカルの方が、デビュー間もない時期の話をMCで語りはじめました。

「あの当時は、本当に売れたいと思っていた」という趣旨のことを、その方は言いました。

私は、その人がそんな話をする場面を、テレビなどでは見たことがなかったので、とても新鮮でした。

さらにその人が言うには、

「その理由は、音楽をずっと続けたいから」

ということでした。

しっかり売れている人は、**ビジョンに対する純粋な気持ちと、売上に対する気持**

ちのバランスが取れていて、ちゃんと両立しているんだなと思った出来事です。

こんなふうに誰かが、

「これだけの売上を目指している」

と言っても、頭の中では喜んでいるお客様の姿を思い浮かべ、自分が価値を提供している充実感を感じているのかもしれません。

純粋にビジョンのために楽しく仕事をしている人は、ニコニコしながらお金の話もされます。

もし、誰かが「お金の話ばかりしている」と感じたら、もしかしたら、自分が少しお金に対して敏感になり過ぎているのかもしれない、と思い返しても良いかもしれません。

お金に対する不安や恐怖があるのかもしれませんし、稼いでいないと自分に価値がないとか、逆に大金を稼いでしまうと悪人になってしまうなどという偏った思い込みがあるのかもしれません。

自分を振り返って落ち着いたところで、その人がお金以外にどんなことを話しているのか、そちらに意識を向けてみましょう。

案外、いろんな話をしていることに気づくと思います。

たとえお金の話をしても、そこには別に純粋な気持ちがあるのではないでしょうか。

動機が純粋であれば、屈託なくお金について語れるはずです。

「こういう素晴らしい世界を作るためには、これだけのお金が必要なのだ」と、素直に口に出せるはずです。

そうやってオープンに話せる人は、たくさんの人が応援してくれるでしょう。

お金の話を屈託なく話せる人が応援される。

起業1年目からお金で困らない人は、1億円でも受け取れる

「1億円」など、大金の話題になると、反応はだいたい2つに分かれます。

「1億円欲しい！　稼ぎたい！」

というタイプ。

「1億円なんていらない！　どうせ使えないから」

というタイプです。

まず前者ですが、「欲しい」という言葉を使うことは、「自分にはお金がない」という暗示になってしまいます。もし1億円を持っていれば「欲しい」とは思わないはずです。

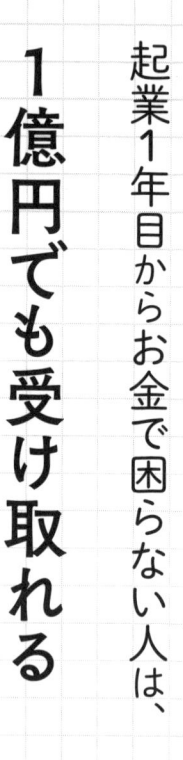

この暗示が強ければ強いほど、お金を得ることは難しくなります。「自分には得られないのでは？」という不安が強くなります。

次に後者ですが、これは「自分には1億円は稼げない」「無理だ」という気持ちが悔しい場合にこういう言葉が出ているのかもしれません。

イソップ童話の「すっぱいブドウ」のお話と同じです。手が届かないブドウに対しては「どうせあのブドウはすっぱいよ」と言うのと同じで、「1億円なんて使えないよ。いらない、いらない」と強がってしまいます。

これがもし、「1万円」だったら、誰もこんなに反応しません。

わざわざ感情的に「1万円欲しい！」とか「1万円なんて！」とは言わないわけです。1万円であれば普通に受け取ったり支払ったりしています。

自分では気づいているかどうかわかりませんが、「1億円」という大金に、ものすごく感情を揺さぶられて、こういう言葉になるわけです。

実は、大きなお金を得ている人は、1億円などの大金に対して、感情があまり揺さぶられません。

「稼ぎたい」という強烈な気持ちもないし「いらない」という拒否反応もしません。

1万円をもらうぐらいの感覚で、普通に1億円を得ているのです。

「あ、そう。じゃあ、受け取っときますよ。ありがとう」

というぐらいの軽い気持ちです。

「相手が払うと言ってるのだから素直に受け取っておこう」

「これぐらい貢献したから、1億円ぐらいは当然かな。まあ、受け取っておこう」

という感覚です。

お金がある人は、お金に強欲なのではありません。

逆に、お金に対してニュートラルなのです。

お金というのは単なる価値交換の道具であって、人間社会では普通にやり取りされるものです。

ちゃんと貢献していたら、人から人へグルグルと回っていくものです。

多いから偉いとかカッコいいとか、そういう意味もありません。

大事なのは、「自分は1億円ぐらいの価値を提供する人間だ」という自分に対するセルフイメージです。

1億円ぐらい普通にやり取りする人間だと思っていれば、自然にそういう行動をとります。

もちろん、最初から大きな金額のイメージはできないかもしれませんが、少しずつ高めていくことはできます。1万円、10万円、100万円と、受け取ることを自分に許可していきましょう。

実は、お金を受け取れるということは、愛を受け取れるということと同じだったりします。

例えば、誰かに褒められたときに「いえいえ私なんて」と拒絶してしまうことが多い人は、お金も拒絶してしまいがちです。

ですので、今度から褒められたときには、「ありがとうございます。嬉しいです」と素直に受け取る練習をしてみてください。
少しずつ、お金も受け取りやすくなりますよ。

お金を普通に受け取ろう。あなたにはそれだけの価値がある。

起業1年目からお金で困らない人は、他人の成功を喜ぶ

周りが成功すればするほど、自分も成功しやすくなります。

なぜかというと、自分の夢を実現させるには、周りの仲間の協力が不可欠だからです。モノ、お金、知識、スキル、などなど、さまざまなリソースを仲間が提供してくれて、夢が実現します。

なので、他人の成功を妬んだり、比較して落ち込んだりする必要はありません。ましてや、足を引っ張ったりする意味はありません。

他人の成功は喜べばいいし、できる応援をすれば良いと思います。

自分より裕福な人や能力が高い人が仲間にいたら、それは喜ばしいことです。

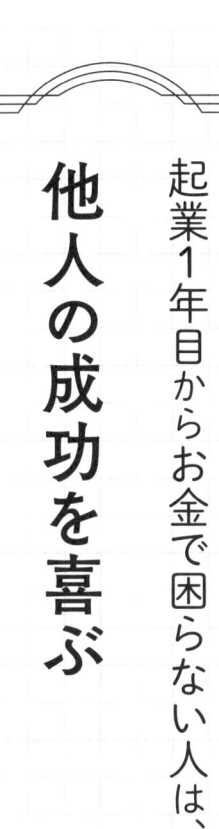

仲間が成功すればするほど自分のリソースが増える、と考えればいいわけです。

逆に、すべてのリソースを自分で持つことは困難ですし、その必要はありません。

必要なリソースは、必要なときに使えれば良いだけです。

例えば、テーマパークで遊びたいときに、わざわざ自分で1からテーマパークを建設する人はほとんどいないと思います。普通に入場料を払って、テーマパークに行くのではないでしょうか。

でも、遊びたいときに遊べるなら、そのテーマパークは自分のものみたいなものだと思えば良いのです。

「今日、自分がここで楽しむために、こんな立派なテーマパークを維持管理してくれてるんだな」と思うわけです。法的な所有権はさておき、自分の遊びたい時間に遊べるのだから、そのときは自分のためのものです。

レストランで食事するときも、

「自分のためにわざわざ何年も修業して、料理を出してくれてるんだな」

「自分のために良いテーブルを用意して、内装も綺麗にしてくれてるんだな」

タクシーでも電車でも、

「自分が移動するために、快適な乗り物を開発してくれたんだな。今日のために整備してくれて、運転の練習もしてくれたんだな」

と思えばどうでしょう？

都合良く考えれば、世の中の全部が自分のものです。

自分で持っておく必要はありませんし、欲しがる必要もありません。

「必要なときに使えれば良いだけ」です。

それまで、誰がモノを持っているか、誰の銀行口座にお金があるかはあまり関係がありません。

ですので、成功してたくさんお金を持っている人を見たら、

「あの人は、私の夢を手伝うためにお金をプールしてくれてるんだ」

ぐらいに思っていればいいと思います。

他にも、あなたの夢を叶えるためにマーケティングの技術を磨いてくれた人、経理や

財務を学んでくれた人、語学をマスターした人、デザインを学んだ人、ビルを所有してくれている人、などもいるわけです。

これらをすべて自分のものにしようとすると時間は膨大にかかります。

あなたはお金が欲しくて稼いでいるわけではないはずです。マーケティングを学びたくて学んでいるわけではない人も多いはずです。

夢を叶えるためにそれらが必要なだけです。

目的を忘れなければ、あなたがやるべきこと、あなたが持つべきものは極力減らせるでしょう。

あなたが本当にやるべきことに集中できるはずです。

自分で何かを所有するということは、他の人のために維持管理を引き受けるということかもしれません。

余裕が出てきたら、それも素晴らしい貢献だと思います。

あなたの持っているモノ、お金、知識、スキルなども、あなただけのものではなく、仲間のものであり、世界中の人のものだと思うと良いかもしれません。
自分のお金もみんなのもの、と思える人にお金が集まるようです。

周りが応援してくれる人は、すべてを自分で持たなくて良い。

起業1年目からお金で困らない人は、稼いでない自分も好き

人間としての価値が売上や利益で決まるとしたら、常に稼いでいなければなりません。

それは苦しいと思います。

実際、起業してなかなかうまくいかないとき、売上を上げていない自分には何も価値がないと落ち込む方も少なくありません。

ベテランの経営者の方でも、ビジネスがうまくいかなくなると、自分の存在価値がなくなったように思われる人もいらっしゃいます。

売上を上げているときしか自分に自信が持てないわけです。

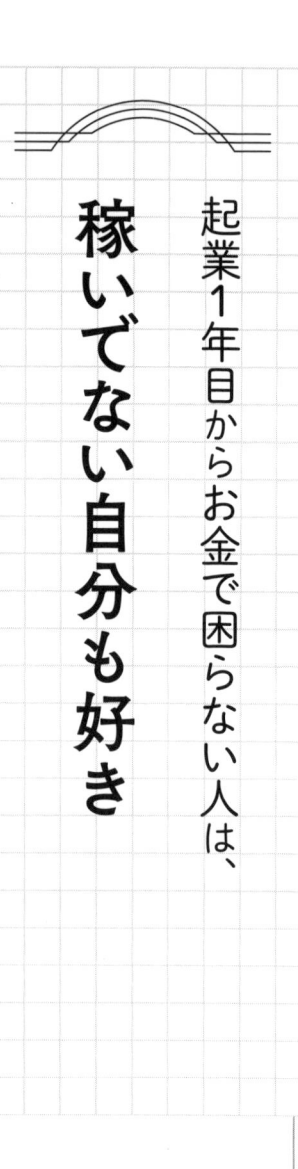

何者でもなかった自分が起業し、売上を上げることで自信がつくという側面もありますので、結果を出すことは良いことですし、自信をつけるために売上を上げるということも良いと思います。

起業当初に一気に駆け抜けるときには、そういうパワーもあったほうが良いですし、売上を上げられる人になろうとする努力も素晴らしいと思います。

しかし、いつの間にか結果だけでしか価値を感じられなくなる方も少なくないのです。

ビジネスには必ず浮き沈みがあります。

うまくいく時期もあれば、悪い時期もあります。

ですので、この考え方をしている限り、ずっと苦しい状態が続きます。今年の売上はなんとかなったけれど、また来年も頑張らなければならない、という気持ちが毎年続くわけですから、ほっと一息つく暇もありません。

ですので、稼いでいないときの自分もぜひ認めてあげてください。

売上や利益は会社にとって大切な指標ですが、その数字で人間の価値が決まるわ

けではありません。

もちろん、現状に甘んじろというわけではありません。

売上が上げられる自分のほうが良いですが、売上が上がっていない自分であっても、人間としての価値は変わらないということです。

もし、あなたの昔からの本当に仲の良い親友が100億円の会社の社長になったとしたら、あなたは接し方を変えるでしょうか？

逆に、**その親友の会社が倒産してしまったとしたら、あなたは接し方を変えるでしょうか？**

100億円の会社の社長になろうが倒産しようが、友達として応援するのではないでしょうか？

一緒に飲みに行ったら、「大変だと思うけど、応援してる」と伝えるのではないでしょうか？

一生懸命にやっている姿を見たら、その友達を誇りに思うでしょう。

友達に優しく接するように、自分にも優しく接してあげてください。

「いろいろ大変だし、うまくいかないこともあるけど、自分はよく頑張ってるよな」と、自分を認めてあげてください。

「結果は出てなくても、チャレンジしてることは素晴らしいことだ」と応援してあげてください。


一生懸命な自分を誇りに思ってください。


周りを見たら、稼いでいなくても、失敗しても、迷惑をかけていても、どんなことがあってもあなたを愛して応援してくれている人はたくさんいることに気づきます。

うまくいかない時期があっても、またそこからスタートです。

人間としてのあなたを応援してくれている人がたくさんいる。

あとがき

起業してお金をたくさん得たならば、あなたは多くのものを手に入れることでしょう。

欲しいものも買えるし、行きたいところにも行けます。
自由が手に入ります。
周りからの賞賛も得られるかもしれません。

しかし、欲しいものを手に入れても、満たされない気持ちは消えないものです。
いくら手に入れても、まだ認められた気がしません。
そして、いくら稼いでいても、お金に対する恐怖は消えません。

でも、安心してください。
そんなに頑張らなくても、あなたが心から求めているものは手に入ります。

実は人間は、「誰かのために」という想いが明確になったとき、お金の恐怖から解放されます。

自分のためではなく、誰かが幸せになるために自分の人生を使いたいと思えたとき、人はすべてを失ったとしても怖くありません。

そして、「すべて捨ててもいい」という覚悟を持った人が、すべてを手に入れることができます。

自分のためにビジネスをしていたら、いつまで経っても、いくら稼いでも、お金の不安はなくならないかもしれません。

怖がっても、怖がらなくても、人生は過ぎていきます。

一生はあっという間に終わります。

だとしたら、「誰かのために」という気持ちを持って、充実した人生を生きたいと私は思います。

小さくてもいいから、1つでもいいから、自分ができることを探し続けて、「今日もちょっとは貢献できたかな」と思いながら毎晩眠れたら、とても幸せなことです。

きっと、あなたを必要としている人が、世界にはたくさんいます。

その誰かの喜ぶ顔を想像しながら仕事ができれば、本当に充実したやりがいのある日々が過ごせるのではないでしょうか。

そんな高尚な気持ちを持ち続けることは難しいかもしれません。

私も売上が気になってしまうこともよくあります。自分なんかが役に立てているのかと不安になることもあります。他人と比較して落ち込むこともあります。理由もなく焦ってしまうこともあります。

でも、毎日、少しでも意識しようと思います。

少しずつでも、そんな生き方に近づいて行きたいと思います。本当に欲しいものは、お金ではなく幸せですからね。

最後に、私からプレゼントがあります。

「実際にどんなことにお金をかければ良いのかわからない」という方のために、先輩起業家の方々の生の事例を集めたものをまとめましたので、ぜひ参考にしてください。

具体的に起業にどれだけのお金が必要だったのか？　使わなくても良かったお金、絶対に投資しておくべきことなど、さまざまな業種の方々のお金に関する体験談です。

次のページに詳細を掲載しておきました。

無料でダウンロードできますので、ぜひ、ご活用ください。

前著『起業1年目の教科書』にも、お金に関する項目がいくつかありますので、そちらも合わせてお読みください。

- 起業1年目から成功する人は、お金の不安を最小化する
- 起業1年目から成功する人は、テスト用の予算を用意する
- 起業1年目から成功する人は、愛のある売上目標を立てる
- 起業1年目から成功する人は、おおらかにお金の流れを見る
- 起業1年目から成功する人は、数字に弱くていい
- 起業1年目から成功する人は、お金以外で安心を手に入れる
- 起業1年目から成功する人は、お金をかけずに試作してみる
- 起業1年目から成功する人は、自分の都合で価格を決める
- 起業1年目から成功する人は、価格を上げる理由をコツコツ作る
- 起業1年目から成功する人は、値引きはいつでもできると知っている
- 起業1年目から成功する人は、安い値段でも最高の仕事をする
- 起業1年目から成功する人は、お金を使う基準を持つ

【著者紹介】

今井　孝（いまい・たかし）

◉――株式会社キャリッジウェイ・コンサルティング 代表取締役。

◉――1973年大阪生まれ。大阪大学大学院修了。大手IT企業に約８年在籍し、新規事業を成功させる。独立１年後に始めたセミナーには10年連続で毎回300人以上が参加。トータルでは6,000人以上になる。また、マーケティングに関するさまざまな教材が累計3,000本以上購入されるなど、３万人以上の起業家にノウハウや考え方を伝え、最初の一歩を導いた。

◉――誰にでもわかりやすく、行動しやすいノウハウと伝え方で、「今井さんの話を聞いたら安心する」「自分でも成功できるんだと思える」「勇気が湧いてくる」と、たくさんの起業家に支持されている。

◉――しかし、自身の起業当初はセミナーを開催しても閑古鳥が鳴き叫ぶことばかり。数百万円を投資して制作した商品はほとんど売れず、部屋を占領する在庫の山に。ネット広告につぎ込んだ資金は一瞬で消えてしまい、胃の痛みと闘いながらの「起業１年目」は散々なものだった。

◉――どん底から脱するきっかけは、他人に貢献するためにビジネスを楽しむことだった。そのことを、さまざまな切り口から伝え続けている。

◉――著書にベストセラーとなった『起業１年目の教科書』（小社刊）がある。

WEBサイト　http://www.carriageway.jp/

ゼロからいくらでも生《う》み出《だ》せる！
起業《きぎょう》１年《いちねん》目《め》のお金《かね》の教科書《きょうかしょ》　〈検印廃止〉

2017年12月11日　第１刷発行

著　者――今井　孝
発行者――齊藤　龍男
発行所――株式会社かんき出版
東京都千代田区麹町4-1-4 西脇ビル　〒102-0083
電話　営業部：03(3262)8011㈹　編集部：03(3262)8012㈹
FAX　03(3234)4421　振替　00100-2-62304
http://www.kanki-pub.co.jp/

印刷所――シナノ書籍印刷株式会社

　ISBN978-4-7612-7300-2 C0030